绍兴师爷汪辉祖的法律生涯

王其林◎著

吉林文史出版社

图书在版编目（CIP）数据

绍兴师爷汪辉祖的法律生涯 / 王其林著 . — 长春：
吉林文史出版社，2019.9
ISBN 978-7-5472-6556-7

Ⅰ . ①绍… Ⅱ . ①王… Ⅲ . ①汪辉祖（1731-1807）
– 传记 Ⅳ . ① K827=49

中国版本图书馆 CIP 数据核字（2019）第 175421 号

绍兴师爷汪辉祖的法律生涯
SHAOXINGSHIYE WANGHUIZU DE FALVSHENGYA

著　　者 / 王其林
策划编辑 / 刘亚玲
责任编辑 / 王明智
封面设计 / 人文在线
出版发行 / 吉林文史出版社
地　　址 / 长春市福祉大路出版集团 A 座　　　邮　　编 /130118
网　　址 / www.jlws.com.cn
电　　话 / 0431-81629375
印　　刷 / 天津雅泽印刷有限公司
开　　本 / 710mm×1000mm　　　　　　　16 开
字　　数 / 120 千
印　　张 / 9
版　　次 / 2019 年 9 月第 1 版　　　　2019 年 9 月第 1 次印刷
书　　号 / ISBN 978-7-5472-6556-7
定　　价 / 38.00 元

自　序

　　人生于世间，如沙砾微尘，纷纷攘攘，东奔西走，到底所为何来？为生计？为尊严？为儿孙？甚或茫茫无知，为忙而忙？有没有停下匆忙的脚步，叩问自己的内心，我活着为了什么？我到底在追求些什么？生命的价值和意义在哪里？芸芸众生，何处是是，又何处是非？何处为善？又何处为恶？是非善恶是永存不变，还是今是昨非？判断的依据又是什么？赏罚也罢，劝惩也罢，到底有无效用？善者行善得了善？恶者为恶惩了恶？如果不是这样的结果，我又何必死抱着教条不放，认准了那个规则就是规则？

　　这些问题盘绕在我的心间，也同样纠缠着每个在心灵与现实间徘徊的人，无论是现在，还是过去。我们总在努力探求一套准则，以立身安命，得之我幸，不得我命。否则拿什么来理解并评判那些或一以贯之，或变动无常的行为？

　　乾嘉年间，正是清王朝盛极而衰的转折点，在一幅太平盛世的景象背后，帝国虚弱的真实疲态已经显露了出来。在将近一百年的统治后，清王朝构建起的一套维持帝国运作的法律系统开始不堪重负。在经过不断的增删后，最终在乾隆三十年完成了一部完整的法典——《大清律例》。这是王朝统治的最后一部成文法典,是帝国法制的重要象征。以这部法典为指导,在大清皇帝的乾纲独断下,依靠着从中央三法司到地方督抚州县各级官员的努力,帝国的法律机器似乎得以重新有效的运转起来。然而这只是表象,并不是帝国法制的真实状况,如果你能近距离地走近督府衙门,甚或地处偏僻的地方州县衙门,你会发现在各级官员的身边,或多或少有着一个神秘人物的存在——刑名幕友。大清司法机器的运转,离不开这群不见于史籍,不见于案牍,甚至不见于庭审大堂之上的刑名幕友。这些人在起笔落笔之间,决定着每一个大小案件的裁判。只有走近他们,才能听到帝国心脏跳动的声音。也只有在他们的一呼一吸之间,你才能触及帝国司法的真实情感。汪辉祖就生活在这样的时代,他是清代为数众多的刑名幕友中最具代表性的人物,他的《佐治药言》《学治臆说》连同他的回忆录《病榻梦痕录》等一起成为观察帝国法制的一扇窗口。

他是怎样的一个人呢?值得今天的我们停下匆忙的脚步,探寻他的人生轨迹,聆听他的声音。他出身于清寒之家,一生为生计奔波,半生蹉跎,科举之路用了二十六年,九次乡试,四次京考,中进士时年近半百;五十六岁得官,却在三年后黯然归里。刑名为幕三十四年,断案无数,清誉交闻天下。在明清的司法者中,有他这样的经历者为数不多,我对他感兴趣,是因为他的身上有着太多需要探究的故事。为求生计四处为幕,却为什么守身以正,甘于清苦?身为幕友佐治,为什么拟判总是坚持己见,与幕主不合则去?处理狱讼,为什么或宽或严,或弃或守?一生为举业,却为什么一朝得官却不求闻达?为什么审案总要顾恤寡孤,为犯人筹划周全?……

他是传统社会中的一个普通读书人,一方面走着无数士人同样的科举求仕路,一方面又不寻常,以刑名幕友为业大半生,是传统法律制度的参与者。他是那样普通却又那样突出,他是传统司法的一面镜子,映射出几千年法制传统的得与失，法史学家张伟仁先生称赞他"是一个十分博洽的人，既懂得法理，又熟悉实务，对于传统文化也有深切体会，因此他对清代社会的价值和导向都有清晰的认识，并且决心以其才能去提升并匡正这些价值和导向，所以他以追寻公平正义为职志，以为民谋福为目标。……所以整体而言，作为一个'法律人'，他给我们的印象，决不是一个只会搬弄条文的法匠，而是一个博洽通达、忠恕公正，而又和蔼热忱、与人为善的谦谦君子"。①

基于以上种种的疑问与好奇，我试图走近他，探究传统社会下一个法律人的所思所为，唤起如今如我等的法律从业者一点儿思考，古今虽情势各异，但这片承载的土地，时殊而人同，悄然变迁的社会背后，不还隐藏着那些恒久的信条与规矩吗？怎可以因为斑驳的外象而拒绝承认它的存在呢？

是为序。

---

① 张伟仁著：《魔镜——法学教育论文集》，清华大学出版社，2012 年版，第 93 页。

目 录
CONTENTS

第一章
萧山少年初长成

引 子

　　1807年秋日的一天午后，昏黄的残阳洒下最后一缕斑驳的光线，便隐入黑暗之中了。在浙江萧山大义村的一处宅院里，一群人正围在床头，一脸的忧容与悲戚，床上躺着一位弥留之际的老者，他们正在向他做最后的告别。在老者的床头，整齐地摆放着一摞书稿。这位弥留之际的老者名叫汪辉祖，四年前中风后卧床不起，他知道来日不多，于是手不辍笔，先后完成了多部书稿。眼前这部是他誊写完成的回忆录。想到自己在病床上完成了一生的追忆，欣慰之余，他将这部回忆录命名为《病榻梦痕录》。此时，应该还没有多少人知道他的名字。但在身后，他却声名鹊起，他的几部书稿连同他的名字迅速传遍了大清的官场幕府，他的著作甚至成为士人们仕途奔竞与为幕交游必备的馈赠佳礼，这恐怕是他身前万万没有想到的。

第一节 绍兴出幕友

浙江省萧山县，地属浙东绍兴，杭州的南大门。公元二年建县，始称余暨，唐天宝元年（742年）改名萧山，一直沿用至今。萧山向来就是浙东的风景佳地，江河环抱，秀峰兀立，"楼观沧海日，门对浙江潮"，留下无数文人骚客的诗词佳作。自古以来，这块古越之地，孕育了众多人杰佳士。近世的有周恩来、鲁迅、蔡元培、秋瑾、徐锡麟，明清时有章学诚、刘宗周、张岱、王思任、徐渭，唐宋时有贺知章、陆游……这一长串名字，都是在中国政治史、思想史、文化史上响当当的人物。每一个人都值得大书特书，其中特别值得一提的是明代的王阳明先生，以"知行合一""致良知"的心学重开中国思想的启蒙，对晚清及近代历史的影响尤重，明末清初三大思想家之一的黄宗羲也出生于此。然而在这些名字当中，却少见对法制有所建树的人物。或许，是这块涌动灵气的浙东水土对申韩之学的天然排斥？抑或是江南士人中缺少

图1-1 今日杭州萧山一景

一种砥砺向前的亢厉之气？不得而知。总之，这空白着的名单一直到了清代中叶，才由一群特殊的人群填补上。

提起绍兴，有谁不知鼎鼎大名的绍兴师爷呢。其实呢，师爷不过是民间的俗称，正式的称呼应该是"幕友""幕宾""西席"等。这是一个专业性极强的职业群体，分工也极为细致，一般来说，可分为书启、钱谷、征比、挂号、刑名等多种。其中，刑名和钱谷为幕友分类中最为重要的两种。因为明清州县官的职责以这两者为重，如果没有延请幕友的相助，一般是很难做好州县官的。

那为什么人们认为天下师爷尽出于浙江，尤其是绍兴呢？这当然是个误解，江苏、江西、四川等省出的名幕也很多，比如《幕学举要》的作者、直隶名幕万维翰，就是江苏（吴江）人，《入幕须知》的主编，同治、光绪朝的名幕张廷骧是江苏（元和）人。只不过由于绍兴出的幕友相对人数多、分布比较广，所以影响就大。绍兴人稠地狭，加之文化、教育发达，培育了大量士人。但科举之路狭窄，成功的毕竟是少数。为了生计，大量的士人选择了从幕之路。关于绍兴人从事幕业的盛况，绍兴幕友龚未斋说："吾乡之业于斯者，不啻万家。"[1] 由于绍兴人外出游幕的太多，屋室中的人都快走空了，龚未斋这样形容道："吾乡之业于斯者，不知凡几，高门大厦，不十稔

图1-2　师爷形象之一

---

[1]　（清）龚未斋著：《雪鸿轩尺牍》，湖南文艺出版社，1987年版，第360页。

而墟矣！"可见做幕是绍兴人从事的主要职业之一。清末曾在张之洞的总督衙门做幕的许同莘，在《公牍学史》中说"为幕友者，多籍山阴会稽"，他曾见过会稽陶氏家族的族谱，陶家从事幕业而有所成就的有几十人之多。加之绍兴人还特别讲究同乡帮衬，绍兴籍的幕友互相介绍，逐渐散布并把持了各地从督抚到州县的各级衙门，以至于官场有了"无绍不成幕"的说法。到了后来，以至于有人认为绍兴人天生的刀笔吏，甚至绍兴同乡周作人因祖上做过师爷，说这些人"满口柴胡，殊少敦厚温和之气"，他这样描述道："我们一族住在绍兴只有十四世……这四百年间越中风土的影响大约很深，成就了我的不可拔除的浙东性，这就是世人所通称的'师爷气'。本来师爷与钱店官司是绍兴出产的坏东西，民国以来已逐渐减少，但是他那法家的苛刻的态度，并不限于职业，却弥漫于乡间，仿佛成为一种潮流。"[①]连周作人都如此描绘自己的乡情，更遑论他人了。只是这样的印象是否客观，那就不值得一辩了。客观地说，这种师爷气未必不好，从性格上而言，既有睚眦必报、易怒多疑、苛刻严峻的缺陷，也不乏疾恶如仇、亢直之气的优点，更难得的是有着常人少有的冷静、思虑周密细致，更有着谙熟世故人情、通晓律例条文的才干。有清一代，在众多绍兴幕友中脱颖而出的有这样几位：汪辉祖（绍兴山阴）、龚未斋（绍兴城里塔山下）、许蒉村（绍兴新昌）、周省三（绍兴会稽）、王立人（绍兴山阴）、秋桐豫（绍兴山阴），等等，可以说一时名幕满天下。

幕友制度在明清朝出现，并作为读书人科举之外的最为重要的一条谋生之道，之所以如此，这有着深刻的历史背景。一方面，明清时期，随着皇权统治的逐步强化，官僚机器越发膨胀起来，从朝廷到地方州县，各类政务日益繁杂，官员们难堪重负，中央到地方省府不必说，

---

① 周作人：《雨天的书》，岳麓书社，1987年版，第132页。

单是地方县令一职，盗贼、水火、钱粮、谳狱、兵刑、差役、应供、迎案……全系之于一人，事务之繁之杂，断断是应付不了的。这就不得不聘请大量的书吏、幕友辅助处理。大量士人在科举无望后，为谋求生计转而寻求出路，顺应这样的趋势，从明朝中叶以后，地方衙门一直到朝廷的六部各院，开始充斥着大批书吏衙官，到了清朝，又转为了幕府师爷，这批人世代以幕为业，形成家族式、地域式的幕业纽带，成为国家机器运转须臾不可或缺的一部分。

另一方面，明清科举制度的变化也使得初任官员难以适应需求。科举创制以来，考试的侧重点各朝并不相同，比如唐代科举以诗赋为重，宋代侧重于经义策对，到了明清，则奉行八股取士，人才选拔方式越来越偏向僵化、教条，与州县官员必须具备的司法、行政、教育等专业技能有很大的距离，唐、宋代相当重视律文的策论考试，而且在获委官职前，还须接受撰写判词的考试。到了明清之时，经义之论已经彻底取代了律文考试。虽然生员在参加乡试的时候仍然要写判词，但这时大都已经流于形式了，如此一来，读书人从一开始，整日研读的都是抽象的孔孟经义，形式的八股之文，根本不可能也不会去钻研钱谷、刑名这些治世之学了。等到这些士人中了科举熬到了官员岗位，一接触到专业性较强的诸如钱谷、法律等事关地方治理的实际职能之事，顿时茫然无措，摸不到头绪，往往要经过多年的历练才能弥补上这一不足，这个过程肯定要付出巨大的行政成本。清末中兴名臣胡林翼在致友人的信中就感叹道："幼年精力，半耗于八股及时俗应酬，是以学识太小，本领太低，力不如志，以为可惜。"[1]

确实，士人经世致用之学的缺失是个普遍现象，晚清同治年间，江苏巡抚丁日昌在评论所属某县令所呈文稿时，懊恼叹息不已，他不无调

---

① 许同莘：《公牍学史》，商务印书馆，1947年版，第56页。

侃地说："每阅该县词讼案牍，如夜行万山，如昼入丛棘，必须息心静气，揣摩数日，而后知其误处错处，公牍尚且如此，其鞫狱之才可想而知。"[①] 晚清官场松弛懈怠，那大清官场风气最好的乾嘉年间的情形如何呢？州县官员办理司法案件及处理政务的实际水平如何呢？似乎也好不到哪里，嘉庆年间的浙江巡抚程含章说过类似的话："察看各州县中，才具优长，知勉为好官者颇不乏人，而于承审案件，听断词讼及一切政事，每有轻重不得其平，缓急不得其当者。"[②] 从乾嘉到晚清，说明这种情况一直都未有根本性的改善。晚清曾做过幕友的陈天锡对此有深切的体会，他说："清代刑钱建制，普及全国，其为迫于需要，显无可疑。何以有此需要，追本溯源，实由地方行政主官，尤其州县亲民之官，在科举盛行时代，皆以制艺帖括取士，士不经科举，即无从进身。当未仕之时，士之所务，类只制艺帖括，而于管理人民之政治多未究心，至于国家之法律，更无从探讨，一旦身膺民社，日与民人接触，即日与法律为缘，即未习于平时，自难应付于临事，由是非求助于夙有钻之人不可，而刑钱幕宾遂为饥渴之于食饮，寒暑之于裘葛，而不可离矣！"[③] 科举不重实务的弊病给行政治理带来了不便，为了能迅速处理各类政务，转而聘请熟悉各项衙门业务的幕友也就在情理之中了。按照《钦定大清会典》的记载，清朝有府 185 个，直隶州 72 个，直隶厅、京畿直隶厅36 个，合计府一级的衙门 293 个；州 145 个，县 1303 个，府、州、县合计 1741 个。有清一代，从督抚一直到州县衙门，幕友的数量少则二

---

① （清）丁日昌：《抚吴公牍》. 转引自赵晓华：《晚清讼狱制度的社会考察》，中国人民大学出版社 2001 年版，第 33 页。

② （清）程含章. 通饬各官熟读律例［M］/贺长龄辑. 皇朝经世文编：卷二十一《吏政》七，守令上. 台北：文海出版有限公司，1973.

③ 陈天锡：《清代幕宾中刑名钱谷及本人业此经过》，转引自高浣月：《清代刑名幕友研究》，中国政法大学出版社，2000 年版，第 20 页。

三人，多则数十人，据《剑桥中国晚清史》推断，到 18 世纪末，幕友的总人数估计已达 7500 人，而且这个数字还在不断增长。[①] 至于具体数字到底有多少，这就很难有确切的统计了。因为幕友不过是布衣身份，并不是朝廷官员，清朝正史中根本没有他们的一席之地，就拿汪辉祖来说，如果不是因为有了几年的仕宦生涯，恐怕正史中都难以留下他的痕迹。

客观上说，作为特定历史条件下的产物，幕友的出现在某种程度上代表了行政专业化的要求。特别是高度专业化、技能化的刑名、钱谷幕友成为各级官员须臾不可离的得力助手。至于司法案件的处理，名归之于官员，而实操之于幕友，这大概是清朝司法的真实面目。大清司法机器的运转，离不开这群不见于史籍、不见于案牍，甚至不见于庭审大堂之上的刑名幕友。张晋藩先生说："他们对于律例知识的理解，审鞫断谳的技巧，判词制定的精练等许多方面都积累了丰富的经验，有些并上升为理论。特别是他们在经验的基础上进行的注律，是符合实际，贴近生活的。"[②]

第二节　家道艰难

1731 年（雍正八年）1 月 21 日，绍兴府萧山县大义村，一片山林环绕的汪姓宅院，汪辉祖就出生在这里。从这一刻起，他一生的命运就被这块生他养他的土地深深地打上了烙印。

汪家是从南宋时迁居于此地的，到汪辉祖这一代已经逾六世了，对

---

① （美）费正清：《剑桥中国晚清史》，中国社会科学出版社，1983 年版，第 157 页。

② 张晋藩：《清代刑名幕友研究·序》。转引自高浣月：《清代刑名幕友研究》，中国政法大学出版社，2000 年版，第 5 页。

图 1-3　汪家原住地（苏家潭）

汪姓家族来说，汪辉祖的到来既给家族带来欣喜，却也掩盖不住担忧。喜的是汪氏已经三世单传，汪辉祖的降临不用再担心宗族绝嗣的问题了；忧的是这个孩子简直就是个"病秧子"，体弱多病还不足以形容童年时汪辉祖的模样，所以全家人担心的是能不能养得活这个孩子。没办法，祖父按照乡下的习惯，给他取了个小名——"垃圾"，这是乡村人家极寻常的做法，取其轻贱易养之意，就像取名阿猫阿狗一样。7 岁时才将他改名为辉祖。一直到 15 岁，汪辉祖都是一副羸弱不堪的样子，用他自己的话来说，就是走路走不了二三百步，就肚腹下坠，足踝肿胀，青筋外凸，根本就不能继续行走了。饭量更是不行，一顿吃不了一碗饭，更是闻不得荤腥，为了治病，天天还要强迫自己灌下一碗难咽的汤药，如此糟糕的身体，从幼时到长大成人，汪辉祖可以说是备受煎熬了。

汪家世代以务农为业，一直到汪辉祖的祖父那一代，有了从儒、经商的经历。在他祖父、父亲的身上都有着儒家重视言传身教的传统。汪辉祖年少的时候，有一次，他家隔壁的一个秀才参加岁试，只得了一个劣等，许多人都因此嘲笑他，汪辉祖也跟着其他顽皮孩子一起起哄。祖父见了，非常不高兴，把他叫回家，告诫他说："人家是秀才才有等，你连等都够不上，怎么能够去取笑别人？"汪辉祖的父亲对他的管教也是非常严厉，有一次汪辉祖回家，正好肚子饿了，看见家里的桌子上摆了两张饼，二话没说拿起来就吃了一个。父亲知道了，就责备他说："有东西不应该私自吃，应该先孝敬祖母才对。"父亲不仅教导汪辉祖要懂礼节，而且教导他做人要踏实、不浮夸。有一天，家中有一位尊贵的客人前来拜访，汪辉祖出来拜见，穿了一身平常的蓝布袍。母亲告诉他应该穿新绸衣见客人。父亲不以为然，说："穿什么并不要紧，现在穿布衣有什么感到羞耻的呢？如果现在穿的是绸衣，将来免不了要穿布衣，那才叫作羞耻呢！"

幸福的童年总是那么短暂，摆在年少的汪辉祖面前的，却是家道艰难的严酷现实。他的父亲汪楷早年曾经商，置田百余亩。在绍兴地方上，也算得上富裕人家。后"援例入官"，做过河南省卫辉府淇县的典史，典史是一个不入流的小官。八年后因为双亲年老，加之家庭变故，遂辞去官职回乡奉养，由于其父为官时操守清廉，连回乡的盘缠都不够。汪辉祖心酸地回忆这段往事，说他父亲回家的当日，雇不起像样的一辆车，不得不从河南坐独轮鸡公车回乡，一路风尘仆仆，走了大半个月才到家。雪上加霜的是家中更是出了个败家子，汪辉祖有个从小抱养的叔叔，长大后好赌成性，几年光景，将汪辉祖父亲好不容易攒下的一点儿产业，百余亩的田地悉数赌光卖尽。家中到了这步田地，汪辉祖的父亲不得不另作他想，在料理完家中事后，在朋友的介绍下，决定到广东寻求生计，这一年汪辉祖年仅十一岁。在辞别的当日，父亲把汪辉祖叫到身边，问他道："你知道我这次出门为的是什么呀？"汪辉祖一时回答不上来，父亲一脸凝重，说道："孩子啊，我这样的年纪出门投奔，实在是不愿意的。但现在家里的情况，不想个办法怕是不行啊。"汪辉祖听到这里，大哭起来，父亲也流下了眼泪。父子俩哭了一阵，父亲又问了些学业上的事。父亲问道："孩子，你说读书为的是什么呀？"汪辉祖说："为了做官。"父亲说："不对，孩子，读书的目的并不是为了做官啊，那不过是读书的一个目标罢了。把做官作为追求那就错了，再说做官不是可以求得来的，能做官，未必能做人啊。你将来就是做不了官，也不能不去做个好人啊。如果运气好做了官，就要努力做个好官，不要被百姓唾骂，更不要做贻害子孙的坏事，你可要记住这些话啊！"汪辉祖听了，点了点头，他还不能明白父亲这番话的道理，但父亲的话从此深深记在了他的脑海里，成为他一生为人做事的准则。他暗暗发誓要有一番作为，无愧父亲对自己的疼爱。然而四个月后，噩耗从广东传来，父亲染上时疫，在广州病逝，十一岁的汪辉祖再也见不到自己深爱的父亲了！关山重重，汪辉祖遥望南方，失声痛哭。

生活总还得继续下去，家庭的希望全然寄托在了家中唯一的男孩——年幼的汪辉祖身上。汪的父亲，有妻室二人，原配方氏早逝，后娶继室王氏，姜徐氏。汪辉祖是徐氏所生。他的嫡母王氏和生母徐氏都是坚韧勤劳的女性。汪楷的去世让家庭失去了经济来源，生活的压力就全部压在了这两位女性的身上。但倔强的她们不愿乞食于亲友，觉得再辛苦，也得让孩子有一个前途，也是给家里一个希望，这个希望在那个时代那就是让汪辉祖把书念下去，有朝一日能金榜题名，将来做官光耀门庭。可是家中失去了顶梁柱，靠什么把这个家撑下去呢？除了白天辛苦的田间劳作，为了贴补家用，到了夜间，两位勤劳的母亲，在昏暗的煤油灯下，不停地纺纱织布，还外带着帮人家糊点儿纸锭，挣点儿微薄的辛苦费，好凑齐辉祖上学读书的那些费用。她们宁可自己少吃点儿，少穿点儿，但在养育辉祖的花费上却从不计较。另一方面，在汪辉祖的管教上，督学甚严，从不肯马虎，有时候年少的汪辉祖贪玩了一些，每次被察觉时，徐母会令儿子跪在亡夫汪楷遗像前，王氏则以荆条笞打。

打到最后，全家人哭成一团，这使得汪辉祖从小就懂得生活的艰辛，逐步培养起了自立自强、洁身自好的品质，并且终身不敢违背家训。汪辉祖晚年在所著的《病榻梦痕录》中对两位母亲由衷地称赞道："余家赖二母之德之教，以传吾父之仁心遗泽。……心必正、行必谨、学必勤、不敢以非道非义之事，谒佚前光，则二母之流泽长远矣。"为了让后辈能永记家训，也是缅怀两位节母的养育之恩，晚年的汪辉祖在家乡择地兴建一处房屋，命名为"双节堂"，并盛请当时的文坛名流章学诚为之作序。

第三节　秀才之路

对汪辉祖这样家道中落的人家来说，孩子读书要花一大笔费用，无论如何是请不起私塾先生的，父亲在世的时候，曾请有一位同族本家的汪崇智先生为汪辉祖训蒙，父亲一过世，汪先生就不辞而别了。可学业是万万不可断的，只能少出些钱附在人家私塾里跟着先生读书。恰好族叔家延请塾师，汪辉祖遂前往附学。这样跟着读了些日子，有时候家里实在拿不出钱来，连先生也跟不起了，就这样汪辉祖断断续续算是把书读完，总算勉强完成了学业。

求学的道路虽然不易，但在两母的督导之下，汪辉租的学业却没有放松，他天资聪颖、博闻强识，很快就在他的同学里脱颖而出。十七岁这一年，真好县考。汪辉祖很想下场试试，可是缺少盘缠，家里又困难，汪辉祖心有不甘，咬咬牙，还是把想去参加县考的想法告诉了两位母亲，母亲担忧地问他："你有把握能考上吗？"汪辉祖没有吭声，只是轻轻点了点头。母亲将信将疑。还是决定听从儿子的意思，赶紧找左邻右舍凑了一笔钱，送汪辉祖去参加县考。结果一考即中，进了县学，成为了一名秀才。邻里乡里闻见，无不赞叹汪辉祖聪明过人。

有了秀才的身份，对汪家来说，算得上一件喜事了。一者，这是读书进阶的起步，也算是看到希望了。二者，按照清代的规定，秀才家里就免去了繁重杂税的催讨，这也让两位母亲松了一口气。接下来汪辉祖还要完成一个士人要完成的路程，就是举业，然后进士业。这可急不得。二十岁这一年，另一件喜事也接踵而至，汪辉祖成婚了。他的夫人王氏，与汪辉祖同龄，是早年就许下的婚配，青春韶华，算得上双喜临门了。

但奇怪的是，汪辉祖的好运气似乎就此消失了，此后他连续三次参加乡试，乾隆十二年（1747年）丁卯科乡试、乾隆十五年（1750年）正科和乾隆十七年（1752年）恩科，都铩羽而归，这严重打击了他的信心。但两位母亲指望汪辉祖读书登科以重振家业的决心不变。一再教导他说，"儿不学，汪氏必替"。并安慰他不用担心拜师学习的费用，"岁需脩脯，十指可给也"。汪辉祖也誓遵母命，专治举业，逢场必到。为分担家计，他不得不先做私塾先生，一边授徒，一边从师论文，准备科考。但塾师薪金微薄，又常常拖欠，常常是前手刚拿到薪金，后手就得赶紧付清拖欠的米油钱，还得为将来的生计犯愁。汪辉祖苦闷之下，开始有了习幕的想法。

第二章
科举与学幕的双重路

第一节　举业蹉跎

　　汪辉祖在极度苦闷的时候，他的岳丈王宗闵正在江苏金山县做知县，来信要他到金山县衙做他的幕友。这一年是1752年的3月（乾隆十七年），这一年他二十三岁，这算得上是他日后漫长入幕生涯的开端。还好在岳父府中，闲暇时间还是多得很，汪辉祖在岳父的督促下，丝毫不敢放松自己的举业，大半的时间还是用来读书学习，准备科考。一开始他做的是掌书记，就是负责文墨、来往公文和书信的誊写。对此时的汪辉祖来说，他还只是把习幕看作是不得已的一件事，"幕所托足，皆借径耳"。家境困难，举业蹉跎，必须寻求一个能提供稳定收入来源的途径。考取功名才是他的终极追求目标。汪辉祖曾向母亲发誓说："吾汪氏迁祖至今六百年，未有甲第，儿不孝，素未计及科名，誓遵母命，从此专治举业，逢场必到，死而后已。"但科举毕竟是一条只有少数胜利者才能通过的独木桥，在汪辉祖面前，是一条无比艰辛的道路，正如绍兴一条民谚所说的："一百秀才莫欢喜，七个贡生三个举，四十五个

图 2-1　古代贡院一景

平平过，四十五个穷到底。"在"平平过"与"穷到底"中，从幕是不得已的选择和权宜之法。

清代科举考试，虽然写的是八股文，但八股文章的相题、练局到运气、遣词却非经锤炼而不得，汪辉祖屡次不得其门而入，深为懊恼。乾隆二十四年，他三十岁时，在常熟府胡文伯幕中遇到了山东昌邑籍进士孙尔周。孙尔周恰好到常熟官署探亲。汪辉祖便把自己自认为得意的三十篇举业文章恭恭敬敬送了过去，请他帮助批改。谁知过了好久，也未见孙尔周发还，汪辉祖心中忐忑。一天早上，孙尔周来见汪辉祖，对他说："你的文章我早看完了，只是不怎么满意。你的才学非常不错，文章却写得不合规范。我如果照顾你的情绪，盲目夸赞一番，自己于心不安，于你也没有益处；如果直言相告，又怕你接受不了，所以迟迟不敢同你讲。昨天胡公批评我懒，还说你两位母亲辛苦守节，最大的希望就是你能够科举题名。从这个月的接触，看到你执礼甚恭，虚心可敬，不是那种自负之人。既然如此，我也就可以打消顾虑，按照自己的理解来评点你的文章，请你切莫见怪。"说完，孙尔周打开汪辉祖所呈文章，只见三十篇当中被删改之处密密麻麻，只有三处表示了肯定与鼓励。汪辉祖一看之下，冷汗涔涔，衣衫尽湿，这才知道自己的不足，下决心拜孙尔周为师，认真学习。他每天办完公事就到孙尔周的住处，请他出题，自己做文章，然后再让孙尔周批改。这样向孙尔周请教了几个月，汪辉祖觉得自己的文章渐渐有进步了，对当年的科举也有了一定的信心，很想下场试试身手。不想运气实在太差，那一年的考试，突逢大雨连绵，将他考试的号舍淋湿，连他的坐板都打湿了。汪辉祖自幼就体弱，受了这番折磨，勉强支撑完考试，回到家中就病倒了，还是他的一位朋友来替他看了病，夫人又典当了一些衣服首饰，换来一点儿人参，熬成汤给他喝，这才缓过劲来，自然这次考试也就泡汤了，令他沮丧不已。一直到1768年（乾隆三十三年），汪辉祖第六次应戊子科乡试，这才考中浙江第三名举人，这个时候他已经是快到不惑之年了。算起来，自乾隆十一年汪辉祖应童子试成为生员后，共应乡试九次，即乾隆十二年、十五年、十七年（恩科）、十八年、二十一年、二十四年、二十五年、三十年、三十三年，除乾隆二十七年生母徐氏去世未能应试外，汪辉祖是每场必到，每试必考，屡败屡战，不敢有一丝的懈怠。

接下来就是去京师参加会试了。这又是一段异常艰辛的跋涉之路。从乾隆三十四年始，三十六年、三十七年、四十年，汪辉祖四上公车。在乾隆四十年的这一场考试中，汪辉祖身患伤寒，抱病赴考，连续三场考试，这对体力和耐力的考验极大，他实在咽不下任何食物，只能啃点儿生梨充饥，凭着这股毅力，他硬是把三场考试扛了下来。好在鸿运高照，四月初九日揭榜之时，他中了第四十六名。二十一日殿试，汪辉祖为第二甲第二十八名，赐进士出身。五月初八朝考，取第四名，奉旨归班选用。但五月十六日汪辉祖得报家书，知嫡母王氏病逝，遂呈报丁忧返回乡里，仍做他的从幕之业，一直到乾隆五十一年才到京城候任选官，那已经是十年后的事了。

汪辉祖的科举之路是跟他的幕业相始终的，相对于一般读书人，汪辉祖在幕业之外，还要付出极大的精力埋头于八股讲章，个中的辛劳自不必说。他的母亲就极为担心他难以处理好游幕与养学的关系，认为"学而荒幕则造孽，佐幕复学则精力不济"。事实上，能够处理好两者关系，游幕还能最终科举有成的可谓凤毛麟角，很多游幕之人往往放弃这一晋升的正途，转而通过捐纳的方式谋得一个出身，个中缘由，实在是没有这份精力和毅力的缘故。汪辉祖不同，他虽从小身体羸弱，但科举的决心却从未有一丝一毫的懈怠。出于科举的考虑，加上二母多病，需要照顾，也不便远离，汪辉祖未有他处作幕的打算和想法，终其一生，他幕业的方向都在江浙地区。乡试时间在当年八月，为了参加乡试，他一般提前一个月离馆，直到九月份方才知道考试的结果，前后大抵要花去两三个月时间。其中有两次乡试以后，因为时间关系，无法及时赶回，不得不改换了馆地。汪辉祖在中举以后，赴北京参加会试，这一来一去至少要五个月时间。汪辉祖一般是岁暮辞馆，翌年的六七月间才能到馆。所以，每次赴试，都要换一个馆地。汪辉祖的科举生涯，算得上长路漫漫，受尽煎熬。他九应乡试，四上公车，中得进士时年已四十六，总算了却了一番心愿，圆了一个士人的梦想，不负二十多年的笔墨辛劳。到了晚年他回忆自己的科举生涯，不胜唏嘘之余，仍不无自得。回忆起小时候祖父跟他说："我对你的期望，就是将来有一天，能够考上秀才，穿上蓝衫，跪拜在我的墓前，那时我就心满意足了。"汪辉祖算不上科举顺途，但也得以告慰祖父的在天之灵了。在那个时代，对汪氏家族而言，算得上光宗耀祖了。

第二节　幕道难言矣

汪辉祖晚年回忆自己的习幕经历，他说，原本是想通过科举考试搏个出路，哪想命运弄人，科场不顺，无奈之下不得不通过从事幕业来谋生。在清代，幕业应该是落第读书人最好的出路和选择了。首先是三百六十行里唯有幕业这条路与读书最为接近，无论刑名、书启，还是钱谷，都需要相当的知识素养，这不是一般人能够承担的；其次，幕友身处衙门之内，佐治督抚州县官员，没有官员之名却有官员之实，这也符合读书人"兼济天下"的理想，故而很多科考不顺的读书人都愿意从事幕业。再次，从收入上看，从事幕业也有不小的吸引力。比如当时私塾先生的薪金一年不过百金，而幕业收入要多出许多。乾隆初年，州县钱谷幕友薪金一年大约有220两，而刑名幕友大约260两，在相对富庶的地区，比如福建的漳浦、侯官，广东的番禺、南海地区，刑名幕友的薪金高达一千五六百两或一千八九百两不等。所以在当时的人看来，刑名幕友可说是做官以外读书人最有"出息"的职业了。

虽然汪辉祖走上了从幕之路，但在他心里，还是很难将从幕看作是个理想的职业。他总觉得作为读书人，考取功名才是唯一的正途。年轻人更不应该把幕业作为终生奋斗的目标。学幕未成之人，可以另谋出路的就另谋出路；如果已经入幕，有机会退出还是退出为好。汪辉祖为什么这么说，难道是有什么不得已的苦衷，还是他对其辛劳一生的幕业生涯的终极感叹？

在他看来，第一个原因就是幕友并没有表面上的风光，从幕的艰辛与离乡飘零之苦是外人难以体会的。一做幕友，就要离妻别子，一个人常年飘零在外，住在异乡狭窄的衙门内院，枯守孤馆寒舍，顾影自怜，而远在家乡的高堂老母、妻儿老小，却无从照顾。加之整日案牍劳形，事务繁剧，承受的精神压力很大。龚未斋游幕河北长达三十年，在写给侄子的一封信中说："（我到馆三十年来）几乎足不出户，身不离几。慎往来，戒应酬，远侮慢，绝营求。从早忙到晚，没有片刻的闲暇。"清代有一首《竹枝词》描述得更为形象：书斋关闭似牢囚，日夜昏忙敢自由？唤讯催提何日了，"等因奉此"几时休。议详事到忙翻本，命案伤多屡摆头。转眼瓜期今又届，安排支应好添僧。这讲的就是刑名幕友的日常。不仅如此，职业的不稳定也是他们的心头之痛。幕友毕竟是宾，一旦主人有波折，幕友失馆更是不期而遇，与汪辉祖同时代的《浮生六记》的作者沈复沈三白就是因为没有稳定的幕席，不得不经常短期为人代幕、四处奔波，落得妻儿离散，一生漂泊。龚未斋说自己是个"生来与通路为缘，又与风雪作合"的"薄命劳人"，名幕许蔗村说自己是"半担琴书，一肩风雨，作东西南北之人"。所以从幕也叫作游幕，一个"游"字，就是游离漂泊，道破了为幕者的心酸。

跟汪辉祖同样因为举业不顺，而不得不走上从幕之路的人，在他的同时代的士人中为数不少，这是一条异常狭窄、拥挤的道路。无数为着功名前程奔走的士人们络绎不绝地走在这条路上，在寂寞、疲惫和煎熬中走过注定无望的大半生。比汪辉祖稍晚些的，生活在嘉道年间的包世臣，他比起汪辉祖来说，科举的命运还要残酷，他曾广赴秋闱，成了举人后，又经过十多次入京会试，可惜的是场场落败，一直坚持到六十一岁才罢手。在这段漫长而看不到希望的岁月里，他为了谋生，经历着和汪辉祖差不多同样的经历，从做塾师，到为幕业，常年奔波在外，幕业的脚步遍布芜湖、武昌、江宁、扬州、常州、苏州、淮安、济南等地，最远西到四川，南到广东，北赴直隶。同时代的大文学家袁枚在《随园诗话》中曾提到一个多年在他乡为幕的幕友，写下这样的诗句："惟有乡心消不得，又随一雁落江南。"每当思乡心切，苦寂难耐，则高吟不已，声泪俱下。包世臣后来将其居室命名为"倦游阁"，又何尝不是在科举蹉跎后，以幕为业大半生的内心劳累、疲倦与憔悴的真实写照？

汪辉祖晚年回忆了这样一件往事，那是 1754 年的 2 月，汪辉祖从杭州赶去江苏常州府为幕，时值隆冬，他乘夜航船沿运河北上，三更时分到达武进县境，冬雨绵绵，寒彻入骨，船家不得已靠岸停船，欲待第二日天气放晴再继续赶路。汪辉祖上岸寻找旅馆希图暂且住上一宿。因为衣着寒酸，势利的旅店伙计竟然拒绝了他的投宿。无奈之下，汪辉祖只好忍饥挨饿，缩着身子坐在运河边的凉亭里，在凄风冷雨中度过了一晚。不知道这一晚的经历带给他怎样的体验，以至于时隔多年以后，这段经历还被他郑重其事地写入日记之中。

算起来，汪辉祖从 23 岁开始学幕，前前后后作幕达三十四年，其中在江苏九年，在浙江二十五年，先后在金山县、常州府、常熟督粮道、无锡县、长洲县、秀水县、平湖县、乌程县、钱塘县、海宁县、归安县等十多个府、县、道衙中当过幕友，足迹遍布江浙二省，一直到了五十六岁，才结束了游幕生涯。这三十四年跟家人聚少离多。只有到了年关，才能请假回家几天，有时候公务繁杂，连过年也回不去。还是在胡文伯府中之时，有一年一直忙到腊月二十六，连胡公在内，还无法放下手头的事务。汪辉祖念及家中翘首以盼的老母妻儿，感慨系之，写下了一首诗："如归岂复叹他乡，爆竹声中岁未央，八口自怜穷骨肉，一年几得好时光？殷勤醴酒开东阁，寂寞斑衣负北堂，记得临分曾有约，椒盐鞠卮捧霞觞。"胡文伯见后，顿时心生愧疚，立即安排船只送汪辉祖回家，终于在除夕当日，赶上了和家人团聚。只可惜这样的日子毕竟太少了。汪辉祖晚年感叹说："使吾素丰，事两母每食得具鱼肉，吾何忍远游？"

第二个原因是从幕对品行、才能的要求比较高。在清代幕业中，只要具备秀才资格的读书人，就能胜任书启幕友这项工作。而刑名幕友不仅需要精通律例，而且必须掌握司法文本知识和办案技术，因为如何拟批呈状、分析口供及证词，如何正确运用法律条文草拟判稿等，都是一门博大精深的学问，没有几年工夫，是无法学成的。幕业中只有刑名、钱谷两席报酬较高，得馆较易，但是对习幕者的人品、才识的要求也相当高。需要扎实的律学功底和丰富的司法实践经验，绝不是能随随便便糊弄过去的。对才识一般的人来说，幕业无论从经济、难度、前途来说，都不是最佳选择，所以在汪辉祖看来，如果有好的选择，最好不要轻易入幕，否则就会误人误己。因此但凡亲友中有想习幕的，汪辉祖必定先考察其才能见识。假如其人缺乏成为刑名幕友或钱谷幕友的资质，那么他会在四五个月内就令对方改学其他，要么去当童子师教书以增长学问，要么经商做贸易走发财之路。有才之人没必要一辈子从事幕业，那样会耽误自己的前程。而且，衙门之中容易迷失自己，这也是汪辉祖不支持年轻人入幕的原因。古语云："公门之中好修行。"说的是官场之中对一个人品行的砥砺是最见效的。因为美的、丑的都在这个社会的聚焦点上出现，迷失还是不迷失自己，全靠个人的操守。一进入衙门的人难免会受到各种不良影响。官府衙门中的不良习气，也最容易把人带坏，入幕之人尤其要注意到这点，做到洁身自好。往往在寻常百姓家里没有的乱七八糟的事，衙门之中无所不有。比如聚众赌博、闲游唱曲、饲养鱼鸟宠物、与戏子鬼混、狎宠男童……这些不良风气哪个地方没有？官衙之内最是集中。衣服华丽，菜肴肥美，这种奢华的生活容易让人沉溺其中。尤其是年少之人，心理发育未成熟，性情不定，十分容易被人蛊惑。那些品行不端之人唯恐不能迎合主人的心意，便设法投其所好以求得到宠信，而那些没能得到宠信的人也会百般逢迎。少年人一旦学坏，父兄的教诲就会被抛之脑后，到头来误人误己受害不浅。更何况，入仕途也不是可以世代传承的事业，做官时间长短没有定数。族人子弟即使有幸没有被外界不良环境污染，却是天天嬉戏享乐，不干正事，假如有一天不能再依赖做官的亲戚生存，他们又靠什么来自立呢？

因此，族人子弟在学业上有潜质的，可以引导他进入仕途，但必须由严师加以管教；其他没有从政之才的子弟，不如令他们各自培养一技之长，留在家里治事谋生，这才是立足长远的打算。

第三个原因，收入不稳定、不可靠。幕帷中的好几个席位，只有刑名和钱谷每年所得的报酬，比较起来还稍稍丰厚一些。其余几个职位，每年收入不会超出百两银子，有时候只有四五十两银子。一个读书人，一旦走上了这条道路，就没有其他经济来源可供谋取。而且除了作幕宾的正常收入外，又连一分一毫都无法得到。公事是否得心应手，主宾之间是否志同道合，全都是一个未知数，心里没有个底。和主人合不来就离他而去，因而辞去幕府中的工作，也是常有的事情。刑名、钱谷方面的工作，需要干练而又端正方直的幕友，这样的人，幕主往往倾力罗致，因而得到这两个工作还容易，其他如书记、挂号、征比各个职位，大多是由权高位重之人给说说好话，或者就是经由刑名和钱谷幕友推荐而任命。虽然具备了一定的能力跟良好的品行操守，但还未必符合幕主要求。对这些幕友来说，工作得与失要仰人鼻息，更何况他们得到这份工作时就已经很拮据了，而失去这个职位时，口袋里的钱更是少得可怜了。他们根本就比不上在乡里招几个学生来教教，或者经营商业，起码粗茶淡饭，温饱还是有得保证的，如果能够勤俭节约的话，日子还算过得去。但在幕府中工作，收入不稳，开销还大，衣服不能不置吧，跟班随从不能没有吧，再加上庆贺喜事，吊唁丧事，来来往往，费钱的地方一大把；再加上亲朋好友的借贷，各方面开支算起来，每一项数目都不少，而且还都是不能减省的。可一年下来的收入合计才百多两银子，拿到家里后也只不过是六七十两而已。对于一个八口之家来说，仅仅是敷衍生活，勉强过得下去。万一辞了馆，新的职位还没有找到，就不得不典当家财，向人借贷过日子，到最后连自己住的地方都没有了。一旦完全习惯了幕业这种相对悠闲轻松的工作，辞去这些职业后再改行做其他余言佐治以盡心爲本矣身親爲治平心之不盡治於何有萁其餘屍在治尤甚基佐治者就事論事盡心於應辦之事而可無負所可爲治者名爲智縣知州須周一縣一州而知之有一未知雖欲盡心而不能受其曲折周到父母官其於百姓之事非如父母之計見女曲者輝曰父母官官終爲魚官終爲負心

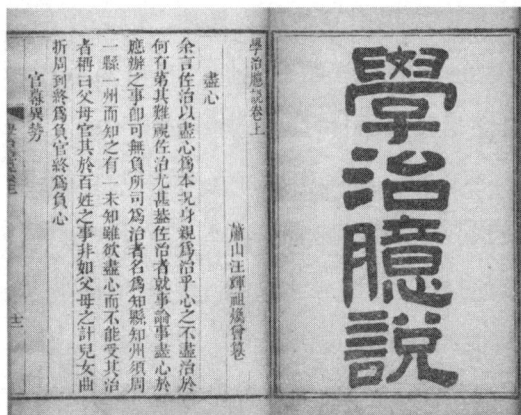

图2-2 汪辉祖撰《学治臆说》(清同治七年湖北崇文书局刻本)

事，反而很难适应，觉得难以做那些自己不熟悉的事了。于是终身都受穷困的折磨。究其原因，完全是由于一开始就选择了错误的方向。

乾嘉时期是清朝国运盛极而衰的转折点，幕友业务、道德水准的下降随着吏治的腐败开始日甚一日，幕友不再勤于政务，开始贪图享乐，缺乏水平的庸幕、劣幕越来越多。当初汪祖辉从幕之时，官场风气还没坏到这个程度。大家都很敬业很讲原则，没有人阿谀奉承自己的幕主。但是到了后来，幕风已经变样了，恪守正道的幕友反而沦为少数，往往被众人嘲讽为迂阔不知变通之人。渐渐地，操行端方的幕友越来越少。1785年（乾隆五十年）汪辉祖在回顾三十余年的佐治生涯时，无限慷慨地得出了“幕学、幕品均非昔比”的看法。晚年他在所撰的《学治臆说》中用自己的亲身体会具体描绘了幕业变化的过程：“我在二十二三岁，开始学习幕学，当时无论刑名还是钱谷，都很自重，把自己看作是宾师，幕主都以礼相待。幕友皆能自律，勤于公事，生活也极其单调，从早到晚，常据几案治文书，没有博弈之娱，没有应酬之费。视公事为生命，碰到难以决断的案件，一定要援引律义，反复辩论。做人自尊自重，偶尔有一两位不自重的幕友，也会被同行耻笑。这种情况一直到三十七八岁时都没有什么变化，但慢慢地风气变了，再过了几年，看人、做事的标准不同了，视守正为迂阔，代人说项，利益为先，狼狈党援就大行其道了，那些坚持端方操守的人，十个里面不到两三个。到了现在，再看那些入幕之人，不考量品质，不考量才学，律义可不解，例文可不读，习幕三五日就以为自己在行了，结果办起文案来，只会机械搬用，简直视幕业为儿戏。旁人认为这些人有私欲掺杂，所以办不好案，其实是滥竽充数，是没有水平的原因啊。"这是汪辉祖是积三十多年的入幕经验得出的结论，这种幕府的风气变化他有切身的体会，也最为痛惜，这也从一个侧面反映了清中后期司法状况的深刻变化。

不仅汪辉祖是这样的感觉，当时有远见之士莫不存忧虑之感。乾隆五十三年，湖南永州知府王宸在《重刻佐治药言序》中指出："官员事务繁杂，不可能完全熟悉律令，这才需要幕宾的帮助，这是人所共知的事，所以往往以丰厚的聘礼，最高的礼节延请他们，把最重要的事情托付给他们。可是真正把托付之事放在心上的又有几个？这些人平时只知道悠游闲乐，百姓的欢乐忧愁完全漠然处之，长此以往，必然败坏幕主的名声。"汪辉祖为官宁远时的湖南巡抚浦霖也说："湖南的幕风大不如前，这些人根本不把幕主的事看作是与自己休戚相关的事。"他感叹说宁远（指汪辉祖）佐幕时肯定不是这个样子啊。1796 年（嘉庆元年）内阁大臣王杰（汪辉祖的座师）在给汪辉祖的信中，也谈到"近日幕道日非，恐不能造就人才"。为此，汪辉祖作为一个为幕三十余年、一直秉持幕道操守的人，对此痛心不已，不禁发出了"幕道难言矣"的深沉感叹。

第三节　江南名幕露头角

汪辉祖读书涉猎甚广，他认为入幕之人，当读有用之书。读书就是为了经世致用的，有些好古的读书人对今世事务一窍不通，以言必称古为风雅。就算授予职权，他们也根本做不来实事。看似满肚子学问，实际上连父母妻子的温饱都解决不了。此等迂阔腐儒读书再多，也不过是个百无一用的"两脚书橱"。他说"学必求其可用"。朝廷的律令必须常读熟记，了然于胸，古今社会变迁的规律也要认真研究。至于那些寻章摘句的训诂之学，对经世济民没什么益处，此类书籍文章不妨少读。对刑名幕友来说，大清律例自然是最基本的致用之学。律例涉及社会生活的方方面面，土地、房宅、婚姻、债务、贼盗、人命、斗殴、欺诈、诉讼等内容无所不包。不熟读律例，就无法完成基本的本职工作。

　　除了熟读律例之外，幕友还应该读什么书呢？汪辉祖主张："公事稍暇，当涉猎诸史，以广识议。"他认为广读经书文史是一件不错的读书之法。清代幕友中流传着一句谚语："多读一年书，少读十年律。"意思是说经书文史根底深者不仅读律省力，事半功倍。而且学成后文辞畅达，论理精密，因此必须下功夫读此类书。特别是有时断案需要直接引用儒家经典。更需要多读此类书，汪辉祖说："遇疑难大事有必须引经以断者，非读书不可。"办理政务以处置实事为重。朝廷律例虽然多如牛毛，但国情民生的复杂程度远远超过律例条文，对刑名幕友来说，除了佐官办案，还要参与幕主谋划和办理其他许多事务，故需要眼界开阔，腹多良谋，这就更需要多读经书文史。幕友张廷骧对此也

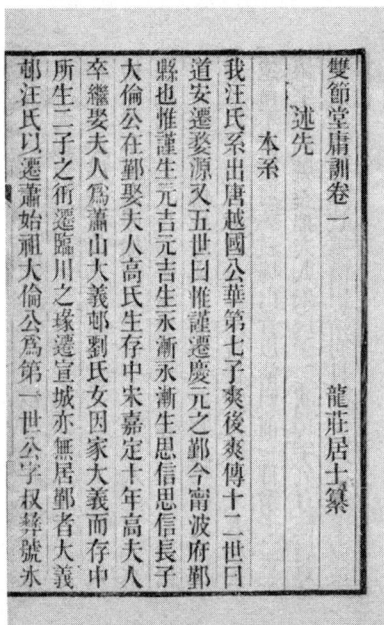

图 2-3　汪辉祖撰《双节堂庸训》（清光绪十二年山东书局刻本）

有明确的认识，他说：佐官如果不胸有成竹，通达事理，怎么能运筹决策，洞中窥要呢？所以平日当"多看书史，以广其识"。况且中国历史源远流长，各种奇事奇案层出不穷，假如本朝律例缺乏准绳，那么从史书中寻找类似的案例做参考，是一个可行之法。作为幕友，在平时多读史书，储备厚实的学问功底，决狱之时才能运用自如，少出差错。

在常州胡文伯府幕中时，汪辉祖开始崭露头角，这要从一件"私铸制钱"案的破获说起。当时在东南沿海市面上大量流通一种"宽永"铜钱，这不是当时朝廷通行的制钱，因此朝廷怀疑这是民间私自铸造的，于是下令严查。并要求闽浙总督尹继善和江苏巡抚庄有恭要切实查清该钱的来历，具实奏报。清朝刑律对私铸制钱的处罚很是严厉，查禁不力的地方官员要受到"失察"的处分。

江苏巡抚立即派出人手进行调查，可是查来查去，没有一丝线索，案件一筹莫展。眼看朝廷的破案期限日益临近，江苏巡抚庄有恭着急万分，不得不加派人手，扩大调查范围，一时间江南数省上下搅动，人心不定。汪辉祖得此消息，对常州知府胡文伯说："这种铜钱来自日本，是日本铸造的，东南沿海商人在跟日本贸易时使用后带回国内，因为这种制钱跟乾隆通宝外形极其相似，币值也等同，商民们久而久之就混用了起来，并非本国民间私铸的啊。"胡文伯大为惊讶，急问其缘由，汪辉祖拿出朱彝尊《曝书亭集》，取出其中《吾妻镜》一册，只见跋文中有"宽永"为日本年号的记载，其中有《吾妻镜》亦名《东鉴》一文，前有庆长十年序，后有宽永三年国人林道春序，《东鉴》为日本国书，宽永三年就是明天启四年。又拿出康熙朝翰林院编修徐葆光所著《中山传信录》一书，徐葆光曾被派往琉球，任敕封琉球国王的副使，他将在琉球的所见所闻写了出来，书中赫然有琉球"市中皆行宽永通宝"钱的记载。胡文伯马上写信告知庄有恭，随信附上书证材料，庄有恭大喜，将此事写成奏折上报朝廷，一场无妄之灾这才得以平息。经此一事，人们无不佩服汪辉祖的博学多闻，总督尹继善也是对他褒奖有加。

为幕之人仅仅做到广闻博识还不够，能够在纷纭的案件中细析明辨才是办案能力的体现。乾隆四十年，汪辉祖在平湖县幕期间，就碰到过这样一桩案子。有一天，乍浦巡检司拿住了九个人，说他们在家中信奉邪教，并搜出了经卷一匣作为证据。清代禁邪教甚严，除了佛教、道教、伊斯兰教、喇嘛教等准予传播外，如白莲、白阳、红阳、八卦等自立名目，聚众传徒的众多教派均在严禁之列。《大清律例》"禁止师巫邪术"门规定：凡假降邪神，书符咒水等一应左道异端，烧香集众，煽惑人民，为首者绞监候，为从各杖一百流三千里。《吏部则例》规定：地方官不行严禁，即行参处。如系应捕之人能够擒获，即追没犯者银十两充赏。此外如果不是"邪教"，只是"私家告天拜斗，焚烧夜香，燃点天灯七灯"，依"亵渎神明"门律处以杖八十。因为有利可图，地方巡检往往借此生事，牵强附会，无风起浪。

汪辉祖办理此案时，距离乾隆三十三年的"叫魂"妖术案刚刚过去没多久。在那一年里，一场毫无征兆的妖术恐慌突然从江南发端，沿着运河和长江北上，迅速搅动了大半个中国。整个清王朝风声鹤唳，乾隆皇帝寝食不安，不断发出谕旨严饬地方督抚破案，在付出了许多无辜的性命和丢掉了许多的乌纱帽后，才得以结案。在这样的节骨眼上，出了这样的案子，地方官员不敢掉以轻心，衙役们也两眼放光，恨不得办出一件大案来。

汪辉祖仔细翻看了这本经卷，原来是一本无为教经，经卷已经是残破不堪了，经卷的后面还隐约写着"万历十七年……历城……并妻王氏"的字样，看来是明朝万历年间的遗物，其他的字就不过是些《金刚经》《楞严经》之类的佛家经书，而且这些经书年代久远，虫蛀鼠咬，已经残破不堪，看上去根本不像是教徒所用之物。为了慎重起见，汪辉祖让县官派人到各家再次搜查，看看有没有其他的诸如违禁器物等类的证据，结果一无所获，又分别讯问九人经书的来由，都说是从游僧手中购得，又仔细查看这些人的饮食，发现并无禁忌。汪辉祖就说，这不算什么邪教，依照"私家拜斗"律从轻发落了这些人。若汪辉祖孤陋寡闻，没有识别出搜出的不过是本平常的经书，或者他心中有一丝胆怯，或迎合上意，曲意夸大，案件的处理结果恐怕就两样了。那么这个案件很可能就会变得很严重，那九家人也脱不了干系，甚至极可能有灭门之祸。

第四节 宾主两相得

汪辉祖习幕，固然出于生计的考虑，但在他眼里，尊严似乎要远远大于金钱。早年习幕时，曾有人推荐他到扬州的程姓大盐商手下负责文墨，大盐商开出了 160 两的年薪，这可不是汪辉祖一个月才 3 两的薪水能比得了的。一开始，汪辉祖也很高兴，一口应承了下来。可是没过多久，汪辉祖听说这个程姓大盐商为人傲慢欺客，对下属颐指气使，汪辉祖闻言，顿时失去了兴趣，他说："这我可受不了！"婉言谢绝了大盐商。又过了两个月，常州知府胡文伯来信请汪辉祖去他幕中做掌书记，汪辉祖早就闻听其名，二话没说，就到了胡文伯的幕中，年薪只有 24 两。消息传开来，很多人不理解汪辉祖的行为。同是为幕，哪有放着高薪不干去就低薪的？汪辉祖解释道："胡知府开的薪水虽少，但胡公会以宾礼待我，我还有什么不满足的呢？"言下之意，尊严可不是金钱能相比的，少年时的汪辉祖的为人与志气可见一斑。

汪辉祖游幕三十多年，幕主有名有姓的不下十五位，跟很多幕主建立了深厚的感情。但在众多幕主之中，他尤为敬重常州知府胡文伯，颇有知遇之感。胡文伯为人清廉、正直，勤于政务，尤其是办事细谨，思虑周密，官场中人送外号"三世佛"，意思是他考虑问题和处理公务时，对于过去、现在和将来的可能情况，会做通盘的考虑，力求周到全面，是有名的能吏。尤其令汪辉祖敬佩的是，胡文伯虽身居知府之位，律己甚严，平时"自奉俭约，过于寒士。无声色嗜好，无游谈诳语"。常常天还未亮，就早早起床，到书房中处理官批文书，晚上一直工作到深夜方才上床休息，一年四季，无论风雨寒暑从无间断。其他幕友都觉得胡文伯做事琐细，要求过严，深以为苦，不愿意长就胡文伯幕中，唯独汪辉祖不以为然，前前后后，他在胡府幕中待了差不多六年之久，觉得从胡文伯身上所学甚多，以至于后来再寻找幕主时，一定要跟胡文伯做个比较，与他秉性不符的，汪辉祖坚决不就馆。所以，在胡府幕中确实也是汪辉祖最为开心、惬意的一段岁月。在众多的幕友中，胡文伯也最为器重年轻的汪辉祖。觉得他思维缜密、做事精细。因此每遇州县大事，常唤汪辉祖一起商议，对汪辉祖的意见也多有采纳。胡文伯甚至对自己的儿子说："汪君必不会久于人下，日后定当为国家有用之才，你们要把他当老师，虚心讨教才是。"胡文伯还有意栽培汪辉祖，对他的要求往往比别人更为严格、细致，哪怕是一点儿细微的过失也都毫不留情面地指出来。胡文伯对别人说："汪君是个明白爽快的人，我让他做事要严谨细致，日后对他会大有益处！"胡文伯的言传身教对汪辉祖的影响是巨大的。公元1759年12月（乾隆二十四年）汪辉祖辞别胡文伯，正式转做刑名幕友。晚年，汪辉祖回顾这段经历，对胡文伯仍充满感激之情："我为幕数十年，能够避免粗疏的过错，都是胡公的教诲啊。"正是在胡文伯幕府的六年历练，汪辉祖为自己的幕友生涯打下了坚实的基础。

第五节 合则留，不合则去

汪辉祖从事幕业，一方面是为了"以幕养学"，另一方面也是为了辅佐幕主推行善政，实现读书人的理想。就幕友与幕主的关系而言，准确地说，两者应该是主人与宾客的关系，并不是从属关系。幕主重金礼聘幕友帮助处理衙门各类事务，自然理当尊重，但毕竟一为幕主，一为幕宾，身份关系的差异必然带来具体事务上的不同反应与处理。身为幕主的州县官身处官场，必须以各种利害关系为转移，因而难以做到完全符合规章制度。而幕友为主官服务，以办事为本分，因此可以就事论事。用汪辉祖的话说就是："官以利民省事为心，非有异于幕也。然幕据理法，心可径行；官兼情势，心难直遂。"这也是事实，毕竟处理的

结果与幕主利害攸关，至于意见接受与否，一方面取决于幕主的信任，一方面也离不开幕友高超的水平。如果真的出现意见相左，这时候该怎么办呢？是屈从还是坚持己见？汪辉祖觉得，合则留，不合则去。

汪辉祖认为，从幕之人处理公事，首先应该公事公言，不应当掺杂私心私欲，更不能曲意逢迎幕主。如果出现对事件的处理意见不合，如果认为意见是对的，但幕主执意不从，可以明确表明自己的态度，君为主，我

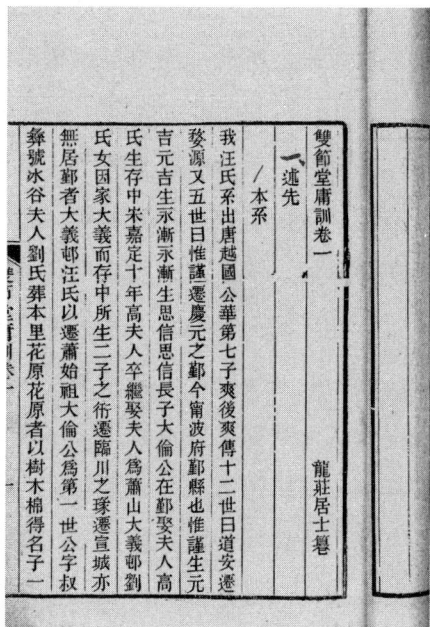

图 2-4 汪辉祖撰《双节堂庸训》(清光绪十二年山东书局刻本)

为宾，我不能强迫幕主听从我的意见，如果你认为我的意见是对的，你又怎能让我迁就你？用我可，不用我也可。尊重我，愿意听从我，我就留下；不尊重我，不肯听从我，我就离开。合则留，不合而去，问心无愧，本分为人。汪辉祖这种自我定位，决定了他不可能盲从幕主。正因如此，汪辉祖特别强调从幕之人应当谨慎选择幕主，不要轻易就馆。在他看来，能选择一个贤明清正的幕主，是从事幕业的第一步，也是最重要的一步。简单点说，幕主能够勤政爱民奉公守法，幕友就可以施展所学，惠泽百姓；相反如果幕主贪赃枉法残虐百姓，幕友也必将为虎作伥，为害虐民。

乾隆二十七年，汪辉祖已经因为多起案件拟批得当，多次得到总督庄有恭的褒奖，在江浙幕中名声大噪。钱塘、嘉兴、海盐、平湖等县的县令纷纷向他发来聘书。经过认真思考后，汪辉祖最终选择了平湖县令刘国煊作幕主。刘国煊素有贤明之誉，不仅为人清廉正直，而且意志坚定，不为非议所动。汪辉祖就幕后，在刘国煊的支持下办了不少疑难案件，为自己、也为幕主博得了一时美名。

在汪辉祖生活的乾嘉时代，幕府的风气还很好，像汪辉祖这样的人也不在少数。《清代吏治丛谈》就记载过一个姓江的刑名幕友，在案件中坚持己见、不惜辞馆的事情：浙江金华县令严少峰，为人干练，礼聘了一个姓江的刑名幕友，所办案件都极为妥当，从无发生冤假错案，因此二人相处关系甚好，直到发生一起强奸案，两人起了争执。严县令在审理后认为证据确凿可以定案，但江幕友认为案情有疑。他认为，该起案件中，犯罪嫌疑人并未成年，且大堂审理时还面带羞惭之色，显然未经人事，仅靠一面指控就定罪，未免过于草率，坚决不同意严县令以强奸案上报，严县令只得再次开堂问审，得出的结论并无二致，江幕友仍认为不妥，争执不下，决然辞去幕友之职。案件上报后，果然给上司驳了回来，案件重新审理，发现果然如江某所言，于是冤狱平反。严少峰特意给江某专函请罪，遣其子去杭州将其请回。[①]

　　值得指出的是，汪辉祖所为并非出于私心杂欲，均是在处理"公事"，"大节"上不肯迁就，不愿做上官私人。个人性格固然亢直，但并非倨傲专横，或者追求虚名。汪辉祖的性格平和，平日待人处事十分克己容人，循分务实。他对遇到的不合意的人和事，常常予以忍耐，绝不会当面疾言厉色对待，至多也只是退避而已。比如幕中同侪工作之余，往往聚在一起博弈饮酒歌弹，汪辉祖并不认同这样的生活，他不参与这样的活动，但也并不随意褒贬他人，他的打发闲暇的方式就是读书；又比如他与幕主对案情的讨论出现意见不合时，并不固执己见，都能尽量做到"成主人之美"。如果他的意见使得幕主为难或将为幕主造成困难，他都能自行辞馆，让幕主得以便宜行事。在幕时能有此等操守，自为时人所重。他自己却以为本应如此，所以有人称赞他，称"此君操守可信"的时候，他听了很不高兴，说这就像对着一个纯洁的少女，夸她不淫荡一样的可笑之极："今有为淑女执杯，而称其不淫，可乎？"

　　合则留，不合则去。留则同舟共济，鼎力相助；去则好自为之，求个问心无愧。这是儒家孔孟先师的教诲，也是汪辉祖的信条。从理想的角度说，幕主若是不能采纳幕友的忠直之言，也就失去了辅佐的价值；从现实的角度说，幕主私欲太重，势必会贪赃枉法。作为有良心的读书人，幕友不应该助纣为虐，更要当心惹火烧身。当然也存在意见不合而不能离开的情况，这不仅仅是留恋幕职的原因了。接受幕主馈赠以及辛劳所得的薪水报酬，这在情理之中，但如果平日过多地接受了主人的恩惠，在想辞职时碍于情分，自然不敢提出来。该接受的才接受，不该接受的分毫不取，这样界线分明才是正确的。纵然是预支每年的收入，也应该有所限制。预支的数量和次数太多了，万一遇到意见不合时，情势

---

　　① 伍承乔：《清代吏治丛谈》卷二《严太守平反强奸案》。

逼迫之下一定不能洁身而退。

当然，汪辉祖也不主张幕友动辄请辞。幕主和幕友在工作中碰到摩擦是常见的事。况且幕僚的智慧和能力，不一定就比幕主强多少，只不过幕主碍于利害关系，往往在处理事务和考虑问题时，想得更复杂，结果进退维谷、犹豫不定。而幕友就不同了，他们考虑问题处理事务时，只依据事理而不考虑情势如何。观察事物的角度不一样，自然会得出不同的结论，出现一些矛盾在所难免。再者一言不合就出走，既没风度，也难成大事。该如何做呢？汪辉祖的建议是：遇到幕主出现明显差错或判罚不公时，幕友应该据理力争，倘若反复谏言不被采纳，就可以"不合而去"了；如果只是在无关大是大非的日常事务上意见相左，就算谁也说服不了谁，也不必太过计较，求同存异，继续保持合作关系即可。

毕竟，幕主与幕友利益休戚相关，幕主的政绩如何，往往与幕友的努力程度相关联；反过来，幕友的功业、名声大小，也与幕主有极大的关系。幕主是贤能，幕友也自然能成为官场中受人尊敬的"名幕"；要是幕主不贤能，那么幕友肯定会牵连受累。这就是为什么汪辉祖极力倡导"就馆宜慎，不合则去"的道理。

第三章
为幕以自立为主

第一节　入幕要持身以正

大千世界，人世浮沉，命运充满无穷变数。或贫或富，或穷或达，交织在每个人的生命之中。在汪辉祖看来，普通人只知道富贵在天，命数难改，往往被动地随波逐流，虚度光阴，更有一些狡诈邪恶之人，为求自己的富贵上位，不择手段以逼迫、欺压他人或巧取豪夺为能事。可笑的是这种人往往到处求神拜佛，这样的人在汪辉祖看来恰恰是一些与天命抗争的妄徒，必遭天道谴罚。一个命数不好的人只要能够行善改过，也会改变自己的不利运势，减少自己的劫厄；即便是一个命运皆好之人，如果弃善从恶，最终也会惹下祸事。但天命不欲人知，谁也不知道自己的人生究竟是什么样，不会提前知道自己的最终结局，如此一来，无论笃信天命与否，都免不了要通过人为的努力来生存和发展。既然天意难料，为何不恪守人间正道，勤奋敬事、自立自为、遵循公理道义，坦然接受一切命运呢？

汪辉祖三十四年的幕友生涯可谓漫长，他积三十四年的经验与体会，得出了做人要"立心端正"的幕道之论。为幕之人代替幕主手执权柄，居于施政治民的重要位置，责任重大，幕主的政绩和名声好坏，州县的民生利害状况，与佐治的幕友脱不了干系。万不可掉以轻心，夸张一点儿说为公为私，为善为恶全在幕友一念之间。再有经验的幕友也难免有出差错的时候，但只要一心为公，舆论自会扬善掩恶，宽恕你的无心之过。但私念一起，存以权谋私之心，即使办事周密、滴水不漏，但天网恢恢、报应不爽，就算不为刑罚所诛，也迟早会遭到天谴。所以，幕友不能不端正自己的心思。心思端正才能以公正的态度处置公事。

在汪辉祖看来，所谓私心有两种，一种是夹杂有幕友的个人利益，另一种的私心则是曲意迁就，自己的看法本来就是正确的，却由于幕主持有不同的意见而不敢坚持，这也是私心用事的一种表现。由于心里一开始就存有了迁就幕主意见的念头，在办理事情时就难以平正妥帖，不得不大费心思居中调停，加以周旋，结果事情往往办得不尽如人意。之所以迁就幕主的意见，说起来还是被自己所处的幕友地位所牵制约束造成的。汪辉祖觉得，其实这种做法要不得，幕主重金礼聘幕友，正是要借重幕友的能力以弥补幕主的不足，能在一起共事，这既是一种缘分，也是一种情感与工作上的信任，理应不计利害，坦诚相对，如果碍于地位及情面，一味畏首畏尾，往轻了说，是能力水平不够，往重了说，是没有担当的表现。意见不相合，这本身也是常有的事，不至于造成宾主间的隔阂。明于事理的幕主自会权衡，并听从正确的意见。如果幕主固执己见，听不见正确意见，真的到了那一步，那往往是宾主二人缘分已尽，即便留恋不舍，也没有这个必要了。况且负民心和失去幕业，相比之下，孰轻孰重，幕友自有衡量，怎可因小失大？

汪辉祖一再强调"立心要正""志趣宜正"，这也正是儒家秉持的理念，儒家认为，一个读书人必经诚意、正心、格物、致知这样一个过程，才能完成一个君子基本的品格塑造，才完成了不卑不亢，中庸而通达的性格养成。而这一点，在幕友身上显得尤为重要。汪辉祖说，为幕佐治，不能自恃过高，也不能过于谦卑。自恃过高者刚愎自用，容易意气用事，到头来上折幕主声威，下损百姓利益；而过于谦卑则起不到应有的佐治作用，会沦为吃闲饭的无用

图3-1　汪辉祖撰《病榻梦痕录》(清光绪十二年山东书局刻本)

之辈。在他看来，僻陋和愚昧是为幕者两个最大的问题，两种弊病足以败坏事情。僻陋是因为这样的人做事偏颇，不能保持平正，眼高手低，往往恃才自傲，办事处理问题时更是听不见意见，凭意气用事。而愚昧则是因为没有才能，因为没有才能，在处理事务时就会拘泥不通、固执己见，缺乏权变通达，往往流于愚昧无知。相比较起来，僻陋比愚昧的害处更大。汪辉祖认为，要避免这两方面的毛病，必须人品和操守都要光明正大，道德和性情高尚坚定，遇事能通达权变，为人宽容而旷达，心平气和，临事镇定。这些品性都具备了的人才是全面的人才，然而想求得这样的幕友实在太难了。退而求其次，一般的幕友也可以通过努力改正这两种不足：愚昧糊涂者多广见识，多经事务自然会明白通理；僻陋而自傲的人，学会谦抑，凡事退后一步思考，则会公正持平地处理问题。

汪辉祖认为，立身也罢，做事也罢，都应该遵循"一定之理"，即通行于社会的某些基本规范与准则。无主见，处处附和或倚仗他人，就会犯"苟同"的错误；自以为是，一味盲目反对他人观点，则会犯"苟异"的错误，"苟同"和"苟异"都是君子力求避免的毛病。根据"一定之理"来看待世事，就不会心存个人偏见，看待和处理问题也会更加

妥当。他认为，首要的是读书明理，这是读书人的入门功课，自不待言，也还算不上多难；其次是节制自己的欲望，因为人生而有欲，加上斑驳陆离的外部世界又不断刺激、煽动，如果不知警醒，往往会迷失自己，在贪欲的驱使下铤而走险，结果身败名裂，殃及先人，祸被子孙。退一步说，克制无妄的欲念和意气，而不是任由其泛滥放纵，本就是君子一生修身的恪守之道。

汪辉祖提出了为幕"正心"的两条标准：一是要"慎交游"。汪辉祖认为，广交朋友，互通声气，这也是读书人寻找就馆机会的一种常见手段。但把希望完全寄托在这一点上，就靠不住了。因为彼此是利益之交，所交之人太滥的话，往往深陷其中，迷失自己。反而不如谨守慎独，不失为保全之道。再说千人千面，善善恶恶，哪里分得清，还不如依直道而行，一个人真的能够严格约束自己，自然会有认同你的人，即使不相识，也会推荐你，何况交友多了，各项费用开销也会增大，你的收入能支撑得住吗？二是"勿攀缘"。幕友与幕主之间本是主与客的关系，彼此惺惺相惜，幕友如有才学，幕主往往会传播其名。幕主、上宾就好比是高台，只要给幕友点个赞，幕友在官场上的声誉就会顿时响亮起来，这就是为什么许多幕友极力依附幕主、上宾的根本原因。如能得到更高层级官员的肯定与赏识，幕友自会受人青睐。但如果就此攀缘附上，就不应该了。汪辉祖说，"吾辈声名所系，原不能不藉当道诸公，齿牙奖借"。如果彼此欣赏，

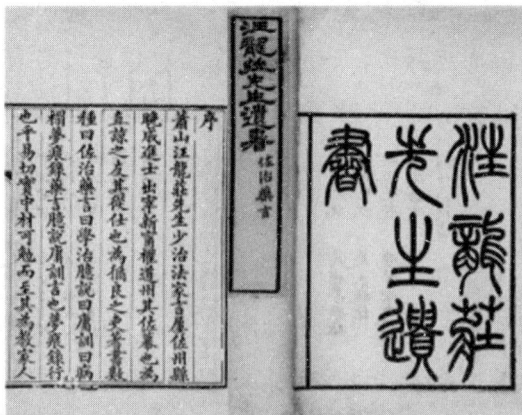

图 3-2 《汪龙庄先生遗书》（清光绪十二年山东书局刻本）

"自能说项"，但汲汲于攀缘依附，往往无补于事。为什么呢？汪辉祖说位高之人，就算虚怀下士，但公务繁忙，未必就时时注意到你，真能有时间、有心情跟你倾心相交。而那些上司身边的人，对那些"怀刺投谒"的攀缘之人，往往轻薄对待，这是很没尊严的事。汪辉祖说："总之彼须用我，自能求我，我若求彼，转归无用，故吾道以自立为主。"由此可见，汪辉祖的处世之道把自立放在首要的位置，至于巴结朋党、游走奔竞的行为他内心是排斥的，也是看不起的。

汪辉祖这样的为人，在为幕之中自然不乏同道，但他自己心中明白，为幕之人来源斑杂，不自爱者多得是，尊者自尊，卑者自污，所以难免成为他人眼中的异类，常受排挤也是正常不过的事情。幕主刘雁题了解他的为人："幕府的同侪没有多少人跟他亲近，大家都认为他太严肃，待人严厉，又自重身份，都不愿意去找他的麻烦。"当然，物有其类，欣赏汪辉祖、对汪辉祖赞赏有加的也大有人在。如一直看重汪辉祖的幕主胡文伯在写给他的信中说："宦游垂五十年，所见幕友多矣。能立品端纯，尽心佐理，时时以国事、民事为念，如吾兄者实未见有第二人。"①

第二节　俭朴廉洁为守身之本

汪辉祖自制守身箴曰："吉士守身，严于处女。远嫌慎微，动循规矩。青蝇玷圭，辱不在巨。宁介毋随，勿狂与腐。小人所讥，君子所取。循物者愚，人贵自树。"可见他把洁身自好、不放逐于物欲看作自己的立身根本。

---

① 汪辉祖：《双节堂庸训》卷六《述师》。

　　他十一岁时丧父，生计艰难，全靠两位母亲纺绩缝绣的菲薄收入抚养成人。十七岁时他第一次去县城应试，看见应试者多身着轻便的纱衫，唯独自己一身旧得掉色的蓝布衫，心中暗暗羡慕。有位一同应试的知道汪辉祖擅于文字，就出钱请他代作，汪辉祖答应了。两位母亲得知此事后，派人叫他回家，痛责他没志气，令他还钱，并且告诫他说："衣服穿得好点差点没多大的关系，但一个人没了尊严，可就麻烦了。"自此以后，他安贫守分，不再为利欲所惑。二十三岁时因为做童子师，所得薪水微薄，不足以贴补家用。于是动了学幕的心思，但两位母亲对此一直不肯同意，一是有父训在，让他好好读书求功名，二是两位母亲担心做刑名之幕不祥，有累后世。汪辉祖于是对母亲发誓说："决不负心造孽，非分之钱，一个也不敢入私囊。"方才获得两母允许。汪辉祖入幕后，秉承家教，洁身自好，他于幕业所得之外，分毫不取，从不做非分之想。1759年（乾隆二十四年）二月，他在长洲县幕的时候，遇到一位嘉兴来的李姓幕友，他要教授汪辉祖一些收取贿赂的秘诀与方法，并且劝他多利用职务之便弄些钱财，说幕中某某就是如此。汪辉祖从心里反感，拒绝了他的要求。恰好这个时候乡试，汪辉祖就回省应试去了。接替他的人听了这李姓幕友的话，大为心动，收取贿赂，后来果然出了问题，被巡抚查着问罪。这件事给了汪辉祖很大的震撼。对"法不可试，利不可近"有了更切实的体会。有人因公事到他家行贿，他处理起来也很有趣。汪辉祖知其来意后，马上回到内室，关上房门，让家人告诉来客说身体有恙，不能相见，不论来客如何请求，汪辉祖就是不见，来客久候不见汪辉祖出来，只得无可奈何地回去了。汪辉祖入幕三十四年，从来不曾因为幕脩收入的多寡而决定去留。平日也决不乱花一钱，所得收入，除了生活必要的一些支出外，其余全部寄回家里奉养两母，不像幕中其他人，博弈歌弹，燕饮征逐。更可贵的是这种节俭，并不限于自己的钱财。他对公物他物，也甚为爱惜，绝不慷他人之慨。他的长子汪继坊随侍多年，曾记载他的所见。比如有这样几件事留给他深刻的印象：汪辉祖每见到书吏禀纸剩有余幅，一定将其裁下，留作书写衙单之用。幕府中夜间公事办毕，与同事闲谈的时候，汪辉祖必定将油灯拨暗，只留一条草芯，以免无事耗油；隆冬时节，室内寒彻如冰，人冷得直打战，汪辉祖也绝不生火炉取暖，并对汪继坊说："吾家曷尝用此，奈何枉费主人钱！"其为人俭朴，真是令人肃然起敬！汪辉祖到湖南宁远任知县的时候，仍保持着一贯的寒士本色。因为他律己甚严，名声在外，总兵心中有疑，故意设宴邀请汪辉祖。席中令雏伶给来客敬酒，如果来客不饮就罚金十两。一般人架不住这个架势，只得饮酒，汪辉祖来时匆忙，未带银两，急忙从近旁来客借银自罚，总兵见后，大为钦佩，说汪君正是守正之人，我这样做实在是不太妥当，理当自罚，自罚！

这种俭朴之风到了他的晚年，也是如此。汪家在其父死后，家境十分困顿，全拼两母十指辛劳操持，汪辉祖曾暗下决心将来能买下一所大宅来奉养两位母亲，就以"树滋"为名。从此以后，汪辉祖连手抄书籍都以"树滋堂"为署名。直到四十多年后，他才如愿以偿，惜乎两位母亲早已辞世。到得汪辉祖辞官回乡，这才用自己的俸禄，在萧山城南为家人购得一座新屋，正式命名为"树滋堂"，以提醒自己不忘初衷。全部收入除了供家庭开支外，只在家乡置田七十亩，分与诸子，1796年（嘉庆元年），花甲之年的汪辉祖中风初愈，想吃鸡鸭肉羹，家人们便经常宰杀鸡鸭孝敬他。然而当他发现全家一年吃掉的鸡鸭将近百只时，便要求明年做饭时少杀鸡鸭。此外还有一件不能不提的事情，他在退隐归乡之后，在家筑有一栋小楼，用来供奉先灵，以及放置藏书，告诫子孙非因祭祀不得擅入。到了晚年，因为体衰畏热，家人们一致认为该楼清凉，劝说他搬去居住，汪辉祖连说不可，不可！既与子孙有约，就不能自开其端，自毁其言，让后人笑话。

第三节 为幕以尽心尽言为本

汪辉祖认为，为幕之人要做到尽心尽言。《佐治药言》第一条就是"尽心"。汪辉祖说："幕友工资收入，实际上是官员的所领俸禄。既然食人之食，而谋之不忠，就太说不过去了。""故佐治要以尽心为本"。晚清名幕陈天锡也认为尽心尽言是为幕的根本。他说："处理案牍，务在周防绵密，对主官负责，关键所在，片语只字不可动摇，主官措施或有不当，直言极谏，不稍忌讳。"[①] 在他们眼里，尽心尽言，不怕主官感到逆耳，不怕丢掉幕馆，只有做到这样，才算是为幕之人应有的行为。

本来幕主与幕友之间非亲非故，而以厚币礼聘，乃是为了借用其才识，以帮助公事。幕友既受礼遇，自当尽心策划，为幕主分劳担忧。拿人家的薪水，就要忠于人家的事。幕友是幕主的左膀右臂，二者理应休戚与共，不尽心尽力工作的话，就算老天不惩罚，也难免遭人指责。幕友的筹划，乃至一计一策无不直接关系到幕主的官场声誉与仕途的顺畅与否，自然不能掉以轻心，必须把每件事都要谋划周全。从道义上来说，任劳任怨是佐治之人的美德。假如招惹事端或躲避祸怨，就失去了身为友人的原则。特别是仗着权势牟取私利这种不良行径，更会失去主人的倚重。所以说，幕友佐治当以尽心为根本。只有尽心的人，才会充分发挥出自己的才能。只有具备高度的责任感，才会认真研读大清律例，仔细审查每一个案件，时刻注意提醒幕主不要出错。倘若为幕不尽心的话，只会荒疏政务，既会使百姓蒙冤受屈，又会让幕主遭到台谏弹劾。佐治之人最大的失败，莫过于此。

---

① 陈天锡：《清代幕宾中刑名钱谷及本人业此经过》，转引自高浣月《清代刑名幕友研究》，中国政法大学出版社，2000年版，第20页。

但是尽忠并不是徇私，虽然幕脩出自官禄，然而官禄实系民脂，如果主官之意图有害于民，幕友即不可迁就，而应强诤；倘若诤而不听，即应辞馆而去，切不可因恋一馆而坐视官之害民。但是幕友也不可事事自以

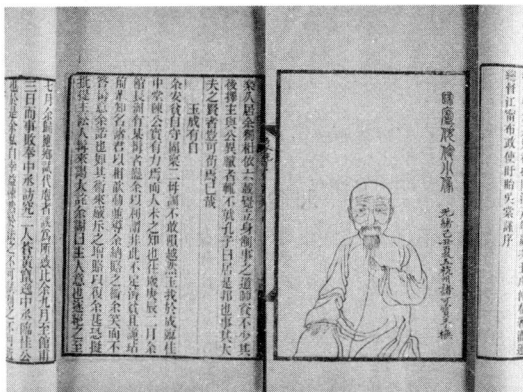

图 3-3　汪辉祖刻本画像

为是。幕主果有高见，幕友自当听取，幕主如有善意，幕友也该为之筹措，以成其美，切不可刚愎自用。要做到这样，在就馆之前就须注意选择意气相投之人，方受其关聘。汪辉祖认为幕主与幕友有一个从陌生到熟悉的过程，往往初次交往之下，因为彼此之间互不了解，感情也还不是很融洽，难免有做事不顺畅的时候，这时候幕友只需专心工作，尽了自己的本分，就足以问心无愧了。只要在工作中表现出过人的才干与见识，自然会赢得幕主的青睐，进一步拉近双方的距离。入幕之后，可以求名，不可图利。宾主礼数不可不讲，不宜在吃住的生活细节上去计较。平时做到清廉自守，不要接受幕主分外之礼，以免不得不办非分之事。

如果幕主与幕友相处多年，彼此默契相投，两人既荣辱与共，又彼此照应，关系是亦主亦宾，亦师亦友。平时也称得上相知甚深，无话不谈。双方感情笃厚，言辞举止上也会自然而不太见外。这种情况下该如何把握呢？汪辉祖强调"宾主不可忘形"。交往之间仍要要谨慎些好。哪怕关系再好，也不能忽略宾主之间的言行举止分寸。毕竟身份不同，幕友以智相授，以言谋食，终究跟幕主不是寻常的朋友关系，必须获得幕主敬重，才有可能言听计从。如果亲昵忘形，就容易出现不恭之语或

不恭之行。幕友言行不恭，幕主必然会心生不敬，以后幕主就可能不再听取幕友的进言了。如果言而不听，轻了说，身份尽失，只能成为幕主的仆从，唯唯诺诺。重了说，幕席难保，毕竟幕主需要的是做事之人，一味委蛇，失去了佐治的作用了，又怎能让你安于幕席之位？汪辉祖曾经与光山人刘仙圃的关系非常融洽。刘仙圃出任平湖县令时，曾经打算与汪辉祖尽享谈古论今的乐趣，谁知汪辉祖却说，"等我不做你的幕友那天就遵命"。大多数同僚们都觉得这句话很可笑，唯独刘仙圃对此并不感到惊讶。刘仙圃升迁之后，汪辉祖为友人写了首赠别诗，里面有一句"形迹略存宾主分，情怀雅逼兄弟真"。尽管情同兄弟手足，但汪辉祖谨守着宾主之间的本分，这是一种老练的为友之道。幕友与幕主无论交情如何深厚，毕竟还是一种以工作为主导的关系。朋友之间讲究一个情投意合，往往不涉及利害关系，但幕友与幕主的利害关系盘根错节，不可能像真正的知交那样只讲感情而不论利益。所以，汪辉祖才对刘仙圃说，等到自己不做幕友时，才能纵情忘形，不再拘谨。

怎样才称得上是"尽言"？汪辉祖的观点是遇上该做的利国利民之事时，应该进言；遇上必须革除的社会时弊时，大胆进言；刑罚不公平，百姓有冤屈时，果断进言；催征赋税过于苛急，增加百姓负担时，必须进言。总之，凡是涉及一方政事的，例如防盗、救灾、办学、除暴等事务，幕友一定要全部了如指掌，并能给幕主提出周全的应对方案，否则，一对不起自己从小苦读的圣贤之书，二对不起天地良心，三对不起百姓的期待，四对不起支付薪金的幕主。"尽言"，光是敢于直言还远远不够，善于抓住有利时机，运用合适的方式提意见，才符合汪辉祖的标准。他特别强调，给人忠告的方式要根据对方的性格作风来进行：如果对方虚怀若谷，不妨直言快语、当头棒喝；假如对方脾气较大，不太听得进逆耳忠言，那就用委婉的语气巧妙谏之。喜欢委婉讨厌直肆是人之常情，因此，总体而言，提意见还是委婉一些比较妥当。

为民谋利，俭省政事，是幕主与幕友执政的共同出发点。两者的区别在于：幕友只要按照律法和良心办事就足够了，而幕主不得不考虑方方面面的复杂情势，很难按照自己的本心来办事。老百姓可以向官府反映情况，而官员向上级转达民情却非易事。不善言辞者很难充分表述自己的意见；对权威心存恐惧之人，又会担心自己恰好碰到上司发怒的时候而不敢轻易进言。无论怎样，结果都是不能做到"尽言"。在向上司转达民情的时候要先试探上司的口气，观察其情绪如何。假如上司正在气头上，情绪激动，就一带而过，因为他们此时不具备冷静思考的时间，待到上司情绪平和之时，再把百姓的情况尽数道出。

幕主的性格千差万别：有的急躁，有的安静，有的宽厚，有的严苛。所以幕友必须针对幕主的性格作风来选择合适的进言方式。但不管怎样，汪辉祖始终坚持三个原则：一是据实禀报案情原委，以理法为凭据。因为道理硬正、有法可依，进言才能底气十足。底气十足，不恐不慌，才能把问题解释清楚，让幕主信服。二是遇上幕主勃然大怒时，必须从容辩解，据理力争，不能胆怯游移，否则，幕主会看轻幕友的水平，不仅不听从其合理意见，还可能在日后的工作中暗暗掣肘。三是遇到案件，不宜先请示幕主。倒不是汪辉祖恃才托大，而是审案治狱贵在公平，如果先请示幕主，自己断案时难免会受其私人意见干扰。因此，汪辉祖基本上是处理好案情后再向幕主汇报。

平心而论，想做到这点并不容易。在讲究尊卑的年代，汪辉祖能与上司坦然相对，不卑不亢，无愧于心，这需要平时不断地律己修身，广读书多历练。再就是他没有把自己当成幕主的奴仆，而是保持着自己人格的独立性。佐治幕主尽心尽言，提建议时讲究方式方法，但对上司不阿谀，不欺瞒，这才是正确的从幕之道。在他看来，幕友有意见应该当面向幕主提，只是语气要委婉，别太刺人。假如确有道理，措辞妥当，幕主也会听从谏言，同僚也会转而支持。那些当面不敢谏言，却在背地里说怪话的人，既不足以交友，也不足以事上。而且他们的话被人传出时，肯定会被添油加醋，反而更容易触怒别人。所以说，与其背后议论纷纷，不如当面尽言婉诤。

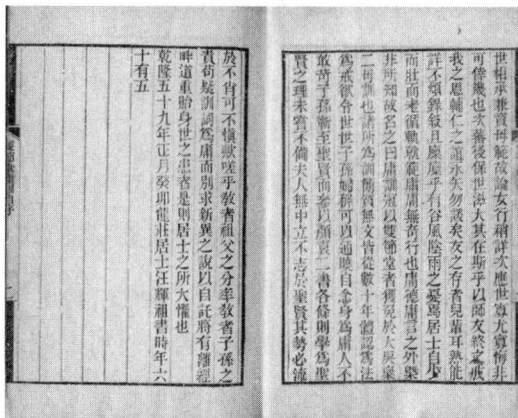

图 3-4　汪辉祖撰《双节堂庸训》六卷（清咸丰元年刻本）

汪辉祖佐幕三十四年，历事幕主共十五人，无不竭力相辅，谨慎务实，凡是涉及诉讼的事件，都能够事先仔细阅读词状，并于审讯之时，于屏后听审，以掌握真实情状，及至拟批之时，一定仔细反复推敲，力求批词恰当。万一遭到上司批驳，则据理申覆，至再至三，有时为了写好批词，一连执笔数昼夜，易稿十余次。汪辉祖这样谨慎的态度和周全的考虑，使得他为绝大多数的案件所拟的批词都能获得上宪的核可，使其幕主享有贤声，因而宾主相处颇为融洽。

汪辉祖认为正因为幕友地位的特殊，才能在规劝幕主上发挥独特的作用，让他少犯错误。他说："官为政一方，百里之内，惟己为大。"官员身边有亲眷、有佣仆，但亲眷不明事理，佣仆人微言轻，没人能对官员的施政、为人进行有效的劝诫，只有幕友居于宾师之位，既明于事理，又精于政事，居平等地位，可以知无不言、言无不尽，由于具体操持政务，幕友往往最清楚争议的来龙去脉和是非曲直，他们提出的意见，幕主不能不认真听取。而且只要道理讲得通透，幕主就会被说服，改变之前的错误决定。由此可见，幕友的佐治作用不可小觑，只要他们尽心敬业，就能为幕主弥补各种潜在的过失和错漏。这就叫"尽言"。"报德莫如尽言"，这是汪辉祖的信条。不因忠人之事而泯灭是非曲直，反而以幕友的身份建议幕主恪守正道。

在中国传统儒家知识分子身上，有一种"知其不可为而为之""虽千万人，吾往矣！"的刚正进取之气，他们认为个人的生命虽然短暂渺小，无足轻重，但是个体生命努力及其升华，却是恒久而有价值的，这种精神在汪辉祖身上体现得也很明显。上天不可知，但立身端正、循分务实，谨持"伪者立败，真者颠扑不破"的念头，勉力而为，从不懈怠。所以尽管幕主的性情、才略，各有不同，但汪辉祖跟他们相处，无不磊落光明，推诚相与，所以相处起来都非常的融洽，这也正是他之所以受尊重而能成为一位良幕的原因。

第四节　"汪七驳"之名

有了立身端正这个为人做事的根本，汪辉祖在公事的处理上毫不含糊，从不轻易附从上官，更不会借此曲意逢迎。有一件事最能体现出他这个禀赋。汪辉祖在浙江仁和、钱塘、乌程、归安、秀水等县为幕时，发现州县幕府往往上下通气，互为交通，"县有事达郡，必先呈稿郡友商可否，议定然后敢申"。他却坚决不干这种事，"独不与通"，他的理由是做事有做事的章程，你跟上一级府幕商议了，如果他不同意你的意见，你是听他的还是听自己的，如果听从他的，错了就要代人受过；不听从，他就会认为你专擅独断，往往嫌隙就产生了。所以，"我自行我法，不知其他"！幕主听了，虽觉得难以接受，但还是尊重他的想法，并不勉强他。汪辉祖宁可依据事理、法义，与公文往来中予以申详，不屑于暗中先行沟通，以柔顺取巧，这么做的结果自然也给自己带来了一些麻烦。他所拟的文稿，常常遭到上司的批驳，他毫不以为意，一而再、再而三地申覆。汪辉祖曾因某案批词未得上司认可，虽"驳诘六七，终得不改初议"，所以当时官场中人就戏谑汪辉祖叫"汪七驳"。乾隆四十七年，龙游县发生卢氏命案，汪辉祖的拟批一再被臬司（主管一省司法的副省长）驳回，并斥责他"胶执"，意思是嫌弃他过于偏执顽固。汪辉祖仍然坚持己见，不为所动，他说："吾以律例佐吏，知奉法耳！法止于笞而欲入之于绞，分不敢安。"此案判决虽然得到县令的支持，但终不能与臬司抗衡，争辩无果之下，汪辉祖愤然"托故辞馆"。

汪辉祖在任官之后，对其各级上司的态度基本上仍然如此。他很清楚为官须得上司的支持，绝对不可恃才而傲；但是他认为一味奉承，谄以固宠，也非正道；一定要自己"先向稳处立身，办本分之事"。所谓本分之事，就是"尽职"。本分既尽，便可坦然与上司相处，即使遇到困难，也可以"从容婉达，慷慨直陈"。上司"用亦可，不用亦可"，不必过于顾虑。千万不可喜功躁进，以图上司的赞誉。上司果真赏识你，也不宜滥受非分之恩，因为受他人之恩重，总想者去尽快报答，就免不了仰人鼻息，听人使唤。至于恃宠而骄，自以为上官之要人或私人，曲阿逢迎，引人嫉忌就更要不得了。万一处在不得已的情况，就该"立身高处"，不可恋职。因为身在官场，本来就是动辄得咎，尤其是州县官，俗语比作琉璃屏，一触即碎，所以向来称服官为"待罪"，不必希望久任无过。重要的是不贪、不酷、不亏公帑，就不会犯下重辟大戾。至于其他的都只是"公过"，至多不过革职。既然如此，"与其恋职罢辟，何如奉法去官"？汪辉祖有了这种做官为民，视职位如敝屣的想法，对待上司便能做到不卑不亢、守正不屈了。

汪辉祖刚到湖南宁远为官，在湖南长沙晋见臬司，臬司对当时在场的共十二名到任知县交代公事，其中讲到湖南民俗一向颇为刁健，凡是涉及人命的案子，即使受害人家属没有异议，但同族外姻往往借此生事，如果对这些闹事之人仅仅处以杖枷的刑罚，恐怕难以遏制住这种风气，他告诫在场知县，最好的办法，就是从检骨验尸入手，使他们不敢轻易妄为。汪辉祖以为不可，他说：检骨验尸这种事，一般百姓难以接受。如果"有冤可雪，死者所甘，万一以妄告故，骨遭折洗、蒸检，无辜人证横被株连，而诬告例止充军，似觉法轻情重"。他的意见是应该先行告示，禁止死者父母兄弟妻子以外他人插身滋事；如果认为案件有疑而控告，如果陈述不符合事实，就要处以杖枷的刑罚，不必一概检骨验尸。当时在场知县无一人不哑然变色，唯独尚未履任的汪辉祖敢于直陈其非，其亢直之气，真是令人惊叹！

汪辉祖到宁远任上后不久，即有臬司调其赴省办案。此前已有清泉县令告诫汪辉祖说：湖南诸大员都好相处，唯独臬司这个人才大心细，跟他做事不可不慎。宁远县久于官场的僚属也纷纷告诉他，在湖南，巡抚的话可以不听，唯独臬司的话不能不听。你还是封调赴任为好。汪辉祖说，他至多不过认为我才力不及，或者以逃避公事的理由参劾我罢了。现在到任不久，诸事废弛，去了以后县里的事怎么办，予以婉言辞调，在仕途与职责之间，他选择的是后者，竟然没有想到去巴结上司。两年之后他又到省城参与勘狱。依据当时的风气，办案之人应先探听臬司的意旨，然后再提犯讯供。汪辉祖怕有先入之言，处断会有失公允，就没有先行请示臬司，而是先对犯人讯明之后，再行禀告，虽然讯问的案情、供词等方面都确凿有证，但并不合臬司的心思，虽然臬司同意了处理结果，但心里并不高兴，没有多久，就随便找了个理由打发汪辉祖回任了。

在儒家构建的理论体系中，对读书人的道德规范是其中最为重要的一环。这也是一个读书人一生事业的基础。但少有读书人像汪辉祖这样，将现实的利益与内在的道德约束讲得如此的明白透彻。"义利之辨"向来是中国传统哲学中争论不止的话题，但大多流于迂腐，不切实际。汪辉祖不同，他一生为生计奔波，也实践着传统读书人的理想与追求，在这种交织的窘迫与困顿的生活中，他绝对不可能说出"正其谊而不谋其利，明其道不计其功"这样不食人间烟火的话来。幕主幕友之间本来就是一种彼此间的利益需求，但相处是否融洽，相得，又不失读书人的操守，不能不依赖道义二字。他在写给章学诚的儿子绪迁的一封论幕学书中这样说道："幕之为道，佐人而非自为，境同篱寄，无论所处何地，等是鸡鹜为伍，言行道行，总以伸吾志为上。"伸吾志与谋生存，如何平衡两者间的关系，这就要考验为幕者的见识与水平了。

第四章

三十四载刑名佐治

第一节　不可轻做刑名

清朝官场上一直有这样的说法：长官是"主治"，而幕友是"佐治"，是帮助长官治理民众的。州县长官请幕友帮忙佐治的风气从明朝开始，而到清朝大盛。清朝刚入关不久，就在皇帝颁布的"上谕"中承认各地州县官"文移招详，全凭幕友代笔"。后来雍正皇帝颁布《钦颁州县事宜》中专列"慎延幕友"一条，变相承认州县长官可以聘请幕友帮助处理政事。清朝号称"无幕不成衙"，从上到下各衙门都聘请幕友，清人韩振说："掌守令司道督抚之事，以代十七省出治者，幕友也。"[①]而州县事务最杂，几乎没有不请幕友的。

在这些幕友之中，刑名幕友的地位是极其重要的。他的作用在于帮助州县官员处理各类司法审判事务。在州县衙门，虽然由官员亲自坐堂问案，但案件处理的整个过程却操之于刑名幕友之手。又因为案件的

---

① 《清经世文编》卷二十五《幕友论》。

图 4-1　师爷形象之二

处理直接关系着官员的前程，所以根本不敢掉以轻心。案件处断是否得当，拟批能否得到上司的认可，就显出刑名幕友的业务水平和操守了。正如绍兴山阴人金植所说，"幕府宾佐，非官而操官之权，笔墨之间，动关生死，为善易，为恶亦易"。金植自己做过刑名幕友，亲戚和同乡中也有不少从事这个行业，所以有深刻的体会，他认为，凡是刑名幕友在处理文案时一定要务必警醒，保持慎重，案情千头万绪，烦琐复杂，稍有不慎，或思虑不周，文案一旦形成，再想改就难了，说严重点，"倘稍有冤抑，一著点墨，则人命立休于笔下"。另一绍兴人俞皎也认为刑名幕友"按律引例，以判罪人，生死所争，在毫厘间"。这个"毫厘"说的就是刑名幕友职业的特殊性和重要性。刑名幕友除了不能亲身坐堂审判外，但慎重的刑名幕友没有不在幕后听审，以辨案情的。其他诸如确定是否受理诉讼，指导侦查，分析供词，草拟判词等等，案件的每个重要环节，都需要刑名幕友的全程参与和具体的操作，以至于有的研究者以为"清代州县审判之名在于官，而州县审判之实在于幕"①，这样的说法可以说恰如其分。说得更直白些，他们就是一群看不见的法官。翻开清代的许多判词，大都出之于刑名幕友之手，既能精于刑名，又能善理行政的州县官员实在少之又少。

明清以来，随着商品经济的发展，人口开始激增，法律面临的社会情形愈发复杂，单一的法典体系已经完全适应不了这种状况，于是成百上千条的单行条例便出现了。但随之而来的，就是律条和条例之间、条例和条例之间出现了不尽统一的现象，要正确引用判案，就要对律例真正通晓，这不是每个州县长官都能做到的，要知道，明清科举考试中重视的是经文，法律已经不那么重要了。但历来地方司法又往往是州县长官政绩考核及其重要的一环，马虎不得。尤其是明清确立了"逐级复审制"，对于杖一百以上的案件，要经过府、省按察使司、巡抚或总督、朝廷刑部的层层复审，第一审的州县长官提出的判决意见"拟律"如果不准确、遭到以上任何一级的"批驳"，就会在任期内留下了污点，直接决定考核的结果，最终影响仕途。所以州县长官对待司法，相当慎重，疏忽的结果，轻则丢官，重则刑罚。出于多种考虑，聘请熟于申韩法家的刑名幕友就成了急中之急了。

汪辉祖在常州知府胡文伯幕中做职掌书记时，薪金仅有 24 两。这种收入上的悬殊差距，使得他有了由寻常的掌书记转学刑名的想法了。刚好常州幕府有一位叫骆彪的刑名幕友，为人端正方直、精明干练，从事刑名大半辈子，经验自然是丰富得很。胡文伯也觉得汪辉祖才堪大用，怕埋没了他，于是鼓励他虚心拜骆彪为师，公事之余跟着他"究心刑名之学"。对县衙涉及的刑名案件，胡文伯也开始有意让汪辉祖参与，并慢慢开始让他兼顾。

---

① 那思陆：《清代州县衙门审判制度》，中国政法大学出版社，2006 年版，第 3 页。

　　清朝有一句民谚："刑名吃儿孙饭。"什么意思呢？这是说在当时的人眼里，刑名治狱之人主持刑杀之事，有损阴德。常人为子孙后代积累阴功，而刑名治狱之人不但无法为后世积德，反而提前消耗了子孙的福报。汪辉祖决定去做刑名的时候。当时他的生母与嫡母都非常反对。劝阻他说："你的父亲正是因为认识到做这一行会有不祥之灾才不入幕的，你为什么一定要选择走这条路呢？"汪辉祖赶紧跪下说："儿子无能，没有其他的特长，不做这一行就没有什么谋生的法子。所以还请母亲见准，我做这一行，绝对不负心造孽，上要对得起祖宗，下要造福子孙。"见汪辉祖意志恳切，又很了解他的为人，两位母亲这才准许汪辉祖入幕。

　　"幕道难矣！"汪辉祖大半生刑名幕友的生涯，其中辛酸苦辣，五味杂陈，于是发出了这样的由衷感叹。幕道难，难在哪里呢？难在刑名之学难为、难精。刑名离不开对律例的钻研，绝非一朝一夕所能成就。除了要熟读各类法律条文，掌握各种司法文书的格式外，还要熟悉各地官府办案的惯例、成案，并把这些融会贯通，这比起写八股文章难多了。嘉庆四年，汪辉祖对欲学幕的长子汪继坊说，文义明析，这学起来不难，熟读律例，广阅京报，研习批词，只要用功，一年以上就可以基本掌握，但这还不够，只能算是初通皮毛，要想精通刑名，达到"通乎法之神明"那就不是件容易的事了。而且刑名幕友作为州县衙门席位第一的幕友，在必要时还应能代理其他幕友的事务，在"习幕"时还要熟悉衙门里其他的各类事务。很多清代的幕学著作都强调刑名幕友不是人人都可学会的，所以汪辉祖对愿意习幕的往往先"察其才"，观察四五个月，如果觉得才不足以从事刑名的话，就予以劝退，即"令归习他务"。万维翰在《幕学举要》中也说过，习幕本非易事。一定要"胸怀高朗、气力明通、参观事变有素"的人才能担当。否则才力不够，会耽误了自己的前程。

在熟读律例之外，还要学会处理法律文牍和法律文书的写作，学幕者还要研读各种有关办案的书籍，如《刑案汇览》《洗冤录》《秋谳条款》《办案要略》《抚豫宣化录》《上控》《顶驳》等。晚清名幕陈天锡学幕时就特别重视《刑案汇览》和《洗冤录》，他认为《刑案汇览》收集案例广博，包罗万象，看得多了，了解的案例多了，自然办起案来就能触类旁通，应付自如。而《洗冤录》涉及的具体疑难案件都有一定方法，便于验证。如果不用心去领会，探究，办起案来就会茫然无傍，手足无措。

刑名之学对实践性的要求很高，绝不是说读了《大清律例》，熟悉了成案就能办案了，必须将书本知识与实际办理结合起来才行，掌握具体的办案程序和方法，才能在律例义理和办案方法中间无所窒碍。名幕张廷骧对读律与办案的关系说得很中肯，他说，律例如同古方本草，办案如同临症行医，光读读律例就去办案，就像医生拿着教科书给人看病一样，"恐死于句下"，这是不会灵活运用的原因。反过来，光会办案不懂律例同样也不行，这样办案只会套用老经验，只知其表而不知其里，"莫辨由来"，也是要不得的。

第二节　律例不可不读

汪辉祖说"幕客佐吏，全在明习律例"，幕友王又槐也说，幕友办案，"全部律例不可不熟筹于胸中"。在汪辉祖看来，案件得不到妥善处理，做起事来没思路、没把握，根本的原因，还在于对法律的不熟所致。在当时来说，幕友明习律例的基本教材自然就是《大清律例》。

汪辉祖认为，要想成为一名合格的刑名幕友，就必须特别熟悉大清

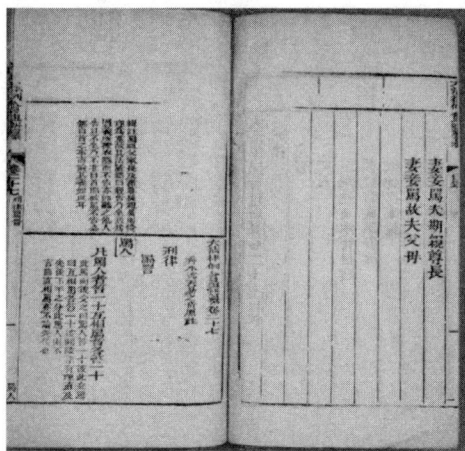

图4-2 《大清律例》书影（清咸丰元年刻本）

律例。而大清的律，每一条都蕴涵着精要之处，可以说领会起来并不是很容易。如果不从这些律的相同和相异的地方着眼，进行比较以求融会贯通，那么就会失之毫厘，谬以千里。解读律事关重大，如果稍有疏忽，就可能害人，甚至是延误人命。譬如关于罪行的制定，都有基本原则，必须明白其中要旨，然后再援引才能适当。例如通奸罪，服制愈亲则愈重；盗窃罪，服制愈亲则愈轻。如果不明此意，仅按普通人的情况来判案，就会有很大出入。如果说律的条目较少，作为基本准绳还比较固定的话，那作为适应具体情况的例则随着社会发展和时间的推移在不断增多，条文之间相互矛盾的地方屡见不鲜，在乾隆之后几乎是五年一小修、十年一大修。掌握起来更加不易。在这样的情况下，就不能再刻板地按字面意思来应用律例，而必须深入理解律例，对其中的意义有所洞察，才能灵活应用。

陈天锡也讲过他是如何研读律例的。"律例，律例，律为常经，例则因时而定"。[1] 故首先需要熟读律目录，各律之中又要细读名例律，其他各律则按需要程度确定研读的先后。刑律、户律是办理刑钱首先触及的，应用又最多，所以读完名例律后就应读这两律，然后再读吏律、礼律、兵律、工律。读刑律时，必须要细心研究关于律文的八个字，即"以、准、皆、各、其、及、即、若"，这八个字各有特定的含义，不

---

① 陈天锡：《迟庄回忆录》，《近代中国史料丛刊》（第二辑），第34页。

能有错误理解，否则判案的出入就很大。八字之外，又要细究称作"律眼"的"但、同、供、依、只、从"六字及"从重论、累减、递减、听减、得减、罪同、同罪"七名词，这六字七名词八字义也各有特定意义，决不能误解误用。在这"六律眼、七名词、八字义"中，"刑名八字义"尤为重要，这"刑名八字义"分别是：（1）以：指与实犯相同。比如：监守官物而私自售卖，无异于实盗，故以枉法罪论处，一律刺字，处以斩、绞；（2）准：指与实犯有所不同。比如：准盗，只是比拟其罪，故不属刺字之例，只杖一百，流3000里。（3）皆：指不分首从，同等重处。比如，大小不同的官吏一同参加盗卖所守官物，应合并统计赃物，满规定数额皆斩。（4）各：指诸人处以同罪。比如：匠人不亲自应役而雇人冒名代替，雇者、替者各杖一百。（5）其：指改变判决的前提。比如，某罪犯本在"八议"之内，应予豁免、减罪（"十恶"除外），但欲重判，便奏明此罪犯犯的是"十恶"之罪，不属于"八议"范围之内，不应豁免、减罪。（6）及：指相关联的二事中的后面那件事。比如，"赃物及应禁之物"中的"应禁之物"。（7）即：指案情透彻，查证明白。比如，罪犯事发在逃，虽缺未到案，但因众证明白，即可定案。（8）若，指将此情况视同彼情况。比如，罪犯在犯罪时非老、非病，事发时老、病，则以老、病论，若在服徒刑期间老、病，则视同事发时老、病。[①] 这八个字每一字皆有一定之意义，不容丝毫错误，一有错误，则罪刑之轻重出入随之，人命生死所系，容不得丝毫马虎。另据《刑名总论》说："看律之法，先明八字之义"；"八字之外，尚有十五字，亦宜详也"。这"十五字"为"加""减""计""坐""听""依""从""并""余""递""重""但""亦""称""同"。这虽与陈氏说法有异，但大同小异，都是读通律意的窍门。

---

① 陈天锡：《迟庄回忆录》，第34页。

对于读律的经历，与汪辉祖同时代的王有孚体会更为具体。他于1771年（乾隆三十六年）在江苏武进县幕师从吴家桂先生学幕，第一年的功课就是读律，而且读得很苦，每天的夜半时分就要起床读律，一开始读律的时候，茫然无绪，根本找不到方法，昏头昏脑，如同盲人一般，读了几个月后，慢慢有了头绪，开始能提出一些问题了，这样一边读一边理解，到了后来，豁然领悟，就像盲人开眼了一样，不由得感叹，律文的精义原来如此，原来如此啊！[①]

律文通了，就进入了学幕的第二阶段，就是练习办理案件了。办理案件的第一步就要学会对刑案的公文梳理，也称之为分理案牍。《刑名总论》上说：完整地办理一件案子，形成一个程式化的公文（详文），离不开五个部分：供、招、看、议、照，一个都不能少。其中原被告陈述其事之始末，上官讯问经过，犯人、证人的对答过程都要有。具体来说，夹而叙之曰"供"；分录犯人的供述，令当堂具状书押附卷曰"招"；案判即"看"；所谓"议"，即法律依据，议得某人合依某律例断；"照"者，就是总结上文之意。如果是一件命案，则还要附上尸伤格单，这样，一件案子也就大体办成了。相对而言，比较难以处理的是"供"和"看"两部分。万维翰在《刑钱指南》卷上"叙供"条说："办案全在叙供。""叙供"是把原告、被告、证人等的口供以及地保的"报词"和原告的诉状等内容重新加以叙述，所谓"代庸俗以达意"。既要"达意"，也就要讲究叙供之法、根据无名氏《幕论》所言，叙供之法是，先叙地保、原告、证佐各供，内中用一人之口将全案情节详尽言之，以昭通稿之眼目。如不能一人说尽，则两人凑合说尽之，后再列叙犯供。[②]

---

① 王有孚：《折狱金针序》，载《不碍轩读律四种》。

② 无名氏：《居官资治录》。

　　王又槐在《办案要略》"叙供"条中说，叙供的一般顺序是先地保而后邻证及轻罪人犯，末则最重之犯。这样可以起到提纲挈领的作用。当然也不必拘泥于此法。总之要注意叙述的前后层次，还有所谓"起承转合""埋伏照应""点题过脉""消纳补斡"和"运笔布局"之法，以及若干注意事项（如"供不可文""供不可野""供不可混""供不可多"）等等。叙完供，便是作"看"。"看"即"看语"，又分两个部分，前为"案"，或曰"照"。后为"断"，或曰"议"。所谓"案"，是指对案情的叙述和归纳。也就是对"供"的归纳整理；"断"即"断结"，就是依据律例定罪，判断结案。作看的原则是"看从供出，断由案定"。"断"则一般是先断人后断物，断人则先重罪后轻罪，最后至免议。

　　练习办案也难在叙供。王又槐《办案要略》"作看"条说："案之先叙而后加看者，乃先案后断之法也。夫作看不难，而叙供实难"。之所以难，是因为要把错综复杂的案情叙述得线索分明、层次清楚。"叙供"条说：叙供与作文无异。作文以题目为主，叙供以律例为主，案一到手，核其情节，何处更重，应引何律何例，要做到"供"叙得不简不烦、不枝不蔓、剪裁合适，以至于与"看"前后一致，毫无出入。《刑案汇钞·盗案论》中详述了盗案的写作模式：其法必先将一前后知情之人首先问起，令其将某人行线，某人起意，窝家某人某人，纠约某人，于何年月日在何处聚齐某某，共人若干；某人执何器械，何人到何事主门首，某人如何撞门进院，分布人如何把风，某人如何搜赃，某人架事主送路，于何处分赃，某人主分，共作几分；小的分的是何物件，卖在何处，何物已起来了，别人分的，小的已记不清了。必将前后纠约及上盗情形，俱于一人口内，从头至尾，弯弯曲曲，详细供明，则此一案情节全在目前矣。其余各盗不必如此细叙，只须照依前盗供内摘出本身是何人，于何年月日，至何处齐聚，共盗某某几人。小的执何器械；别人拿的，小的已记不清了。于何时到何事主门首，某某如何撞门进院，某某把风，其余如何入室；小的与某人某人作何享，他们乱哄哄的，小的记不清了，到何时候某人架事主送路。何处分赃，共作几分，是某人主分，小的分的是何物件，卖在何处，什么已起来了，别人分的记不清了。其余各盗无论多少，尽皆如此。总要跟着第一说，繁文之处稍加减省。如此则各盗口供自然一气呵成，再无并错。①

到了练习办案这一阶段，能否将学业顺利完成实际上取决于读律阶段的功底如何。当然，学幕的两个阶段并不是绝对分开的，尤其是在第二阶段，不仅要用律，还要继续读律。陈天锡回忆他学幕的经过说："实际学习办事，亦有应循之程序，吾于一面阅读应读书籍之余，一面即学习办事，兄（指三兄陈天驰）为调出已经办结不甚通常之命盗奸拐户婚田土各案，俾可阅看……则办案应有手续已可明了。"② 可见，读律实际上是贯串整个学幕过程中。更为重要的是，读律不仅是为了掌握法律依据，而且是整个办案工作的基础，无怪乎清代幕业中把学幕直接称为"读律"了。

这还仅仅是读律，《大清律例》共有 436 条律，是对罪行的轻重和服刑的等级做出的一些根本性、原则性的规定，远远不足以覆盖纷繁复杂的社会状况。加之，清朝经过一百多年的发展，因革损益，社会情形愈发复杂，已经不是单纯靠律文就能解决的了，而且律文又不能轻易修改。唯有把实际案情跟相关的法律条文加以比拟，将罪犯参照相关律文加减等级判刑就变得更为实际和可行了。《大清律》明文规定："凡律令该载不尽事理，若断罪无正条者，行律比附，应加应减，定拟罪名，议定奏闻。"遇到法律没有明文规定的复杂情况，官吏会采取比附援引等办法判案。那些关系十分重大的案件会被大清最高司法机关刑部编为成

---

① 郭润涛：《官府、幕友与书生》，中国社会科学出版社，1996 年版，第 210 页。
② 陈天锡：《迟庄回忆录》，《近代中国史料丛刊》（第二辑），第 34 页。

案，作为今后处置同类案件的准绳。随着成案的不断增加，刑部会将其提炼简化为新的法律条文，呈报皇帝批准之后，附载在律文之后，这些条文就成为"例"。"例"作为判处同类案件的正式根据，用来补充"律"之不足。律文是不改动的，数量有限；而例却经常修改，数量不断增加。1740年（乾隆五年）修订的《大清律例》共分名例、吏律、户律、礼律、兵律、刑律、工律七篇，47卷，30门，律文436条，而附例竟达1409条之多。1801年（嘉庆六年）增加到了1573条。至1870年（同治九年），附例更增至1892条。在大清律的附例之外，清朝的一省一地都有专例，或一事也设一例，甚至因此例而产生彼例。律例无正条的，还有比附而产生的例。"例"不仅数量浩繁，而且起着特殊作用，效力与律同，甚至可以补充、代替律、废止律，所谓"有例则置其律"，"有例不用律，律既多成空文，而例遂愈滋繁碎"。这就是清朝"以例断案"的特点。

这些浩如烟海、汗牛充栋的案例，都是经过皇帝上谕或中央六部行文一直辗转下达到各级地方政府，都存放在各级地方衙门的档案之中。本来就不熟悉法制的地方官员们，一旦要办理刑事案件时，才去查阅档案，寻例为据，是相当困难的事情。在这种情况下，就只好依靠刑名幕友。那时的公文，无论是上谕或是部文，都有一定的格式。在可作为例的指示中，均用"嗣后"字样。譬如，对某个刑事案件以后应该如何办，公文的前部分是述说理由，结语时必定是"嗣后"应如此这般。这几句话简洁肯定，是具体执法办案的准则。这是例的精髓所在。刑名幕友对每次奉到的公文，凡遇有这类例的，必用纸马上把"嗣后"签抄下来（只需抄这几句原文，不必抄全文），并在签抄纸上注明：某年某月上谕或某部某号公文。然后，把这张签抄纸粘在有关的律的条文上。以后，办案查律时，同时一眼就看到这例，非常简便。这种粘签常比律多得多，有的刑名幕友所用的律书，粘签竟比原律书厚两倍。

由于清代律例繁多，案件千变万化，所以执法官吏在判决时可能会遇到这几种情况：第一，有具体而恰当的律例条文可以直接使用（这种情况最为常见）。第二，有些案件符合好几条律例的内容，但不同条款的量刑轻重不同，需要执法官吏权衡刑尺度。第三，能从律例中找到大致的条款，但内容与案件的细节多少有些出入。究竟该如何运用，还得仔细斟酌，小心取舍。第四，有些案件情况十分特殊，在律例中找不到妥当的处理办法。这就需要执法官吏自己动脑筋找出一个准则作为断案依据。这种依据要么是引申自法典律例中的某个条文，要么是律例之外的某种社会规范例如儒家经义。清朝君臣常说，要恪守"祖宗成法"，要"率由旧章"。可是，这些"成法""旧章"皇帝和官员也不十分清楚。如湖北巡抚胡林翼就说过，他对许多的地方大员的感觉和体验是："大清律易遵，例难尽悉"。对清代"成法""旧章"不甚了了的地方各级官员，在办理刑事案件时，就不得不仰仗那些经验老到的刑名幕友了，听其裁断。

第三节　以爱民省事为主

汪辉祖的幕治原则是"以爱民省事为主"，本着一颗仁恕爱民之心，时时处处为百姓着想。汪辉祖来自贫苦的民间，深知诉讼之患，所谓"衙门六扇开，有理无钱莫进来"。地方上的杀人奸淫、偷窃抢劫的刑事案件本就不多，多数的民事案件集中于户籍或与婚姻相关，即便在这些案件当中，真正需要审理的案件也只是十之四五。假如幕主与幕友能心平气和地开导诉讼的人，让他们明白其中的得失利害，大部分人都会幡然醒悟并撤销诉讼，并且言归于好。就算在案件批准审理之后，双方经过邻里乡亲们的劝导，消除了恩怨重归于好，转而强烈请求撤回诉讼，那么官府就更应该加以成全。能平息的诉讼案件就最大限度地争取平息，这才是让百姓安定和睦的好方法。若是幕主固执己见，非要让双方当事人把官司打到底，这种钻牛角尖的做法，反而会伤害到百姓街坊之间的和睦，同时为衙门的吏役制造了钻空子的机会。

在传统静态、封闭的村落社会里，原告与被告之间的关系不是亲人就是故友，不是族人就是邻里，世世代代生于斯、长于斯。亲情、乡情裹织其中，解不开也化不开。就算发生矛盾，也只是一时之事，并非什么不共戴天的仇恨。因此，汪辉祖力主办案应该仔细审读讼词中的要害之处，依据实际情况做出合乎情理的判断，真心真情为双方着想，开导双方，使弱者能心平气和，使强者不再强横。与其让当事人在诉讼之后再去息讼，费用都花在差役上，还不如在原告递交诉状之之初就进行必要的开导，力求调解和好，使双方友情保全，亲家和睦。这便是汪辉祖数十年来所秉承的执法观念。

汪辉祖说，百姓一纸告进衙门，就要花费许多银两，提出诉讼容易，但想要撤销诉讼却很困难。俗话说"一字入公门，九牛拉不回"。况且一旦涉讼，各种各样的开销就挡不住了，他自己曾见到过因此而破家的。清朝老百姓会讽刺某些地方官员是"破家县令"。所谓"破家县令"并非指县令有多大权力，而是说人们的身家性命往往掌握在县令的一念之间。县令的每一项施政举措，都可能导致百姓家业衰败，这不能不让百姓有所畏惧。因此，汪辉祖认为县令即使能力平平，也绝对不要做那些导致百姓家破人亡的事。官司一旦打起来，"一词准理，差役到家，则有馈赠之资；探信入城，则有舟车之费。及示审有期，而讼师词证以及关切之亲朋，相率而前，无不取给于具呈之人；或审期更换，则费将重出，其他差房陋规，名目不一"。光是诉讼的各项费用就是个无底洞。清光绪时方大湜在《平平言》中列举了清代诉讼费用有以下几

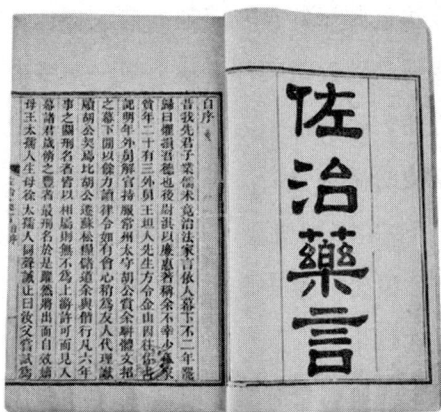

图4-3 汪辉祖撰《佐治药言》(清光绪十二年山东书局刻本)

种：戳记费、挂号费、传号费、取保费、纸笔费、鞋袜费、到单费、夫马费、铺班费、出结费和息费等①。这还不包括到州县、省城等处投宿歇家的"数十两银子"的费用，至于对胥吏、差役行贿费用，以及包请讼师打官司的费用那就更加算不清了。

这笔打官司的费用对老百姓来说，到底意味着什么呢？汪辉祖算了一笔账，以一般人家为例，有田地十亩，夫耕妇织，可以养活数口之家，一旦受官司牵累，费钱三千文，便须假子钱以济，不出两年，就要卖田了，卖掉一亩田就少一亩田的收入。辗转借售，不出七八年，田地卖光不说，还要欠上外债累累，竟至无以为生。家境宽裕的人家情况怎样呢？以积蓄千金之家为例，若是该户人家被卷入了官司中，很少有不破产的。积财千金之家，每年的收入也就是一百来金而已，扣除衣食住行、红白喜事的费用，资产余额也只是刚好足够日常零用开销。倘若为了打官司而花费钱财的话，就不得不靠借钱来维持生计。在当时，千金之家已经算小康了，更多家庭的财产还达不到这个水平。清代统治者要求各地官府力行息讼，多调停少打官司，未尝没有减轻诉讼者负担的考虑。

正是有着对诉讼之累的深切体会与认识，汪辉祖对案件的办理往往慎之又慎，力求尽量减少对百姓的牵扰。具体办案时，除了要对当事双方批示开导外，最好不要"传讯差提"，如果不是案件的重要人证，"宜

①（清）方大湜：《平平言》卷二《为百姓省钱》。

随时省释，不宜信手牵连，被告多人，何妨摘唤。干证分列，自可摘荟。少唤一人，即少累一人"，再做判决时，多用点心，下笔时多费一刻之心，涉讼者已受无穷之惠。"故幕中之存心，以省事为上"。因此他在遇到这类案件时，都尽量批由族亲邻友调处和息，不让当事人深陷诉讼之中，纠缠不断，留下后患。他的理由是，此类案件的原被告既然都是亲戚邻友，双方渊源深远，关系复杂，是是非非，实难清厘。如依法审断，勉强分划，不免留下创伤，他日或将复发；不如依情和解，不求绝然的是非，而使双方各作礼让，留存颜面，日后乃易于相处。对此，他有深切的体会，他说，我在乡下住时，看见因人命案牵涉，所列证人在册时，证人全家都惶恐不安，常见凶犯极度贫穷，却连累到告词的证人，我深以为忧。所以在官府里读到禀报的状词，如果发现不是关键的证人，就吩咐主官当场讯问后释放，不必叫他入城来。某人有嫌疑，需找人保释管制，在外等候审讯的，一旦审讯完毕，立刻追回有关取保的告令。即便如此，也还是听说有公家已保释而遭人扣押的事。证人一天不回家，家人也就一天放不下心，担心在路上出什么意外。一件案子发生，常常将当地的人牵连进来。而他们往往是无辜的，所以尤其需要吩咐主官禁止该事发生。考查有关案情时，更应仔细斟酌，以防牵累他人。在传统的儒家思想中，"无讼"、息讼是治国的根本追求，汪辉祖也希望如此，做刑名幕友时是如此，在任官之后也是如此。每值讼闲，都召民众上堂，跟他们讲一些"以务本守分之利，讼则终凶之害"。的道理，其目的当然就是要使民众免于涉讼，以免受诉讼之累。

汪辉祖不仅办案时非常注意不连累百姓，还表现在能设身处地替犯人着想。不管事件大小如何，都会先端坐静心，然后再从犯人的角度设身处地考虑。还要同时通盘筹划一个能够保障犯人家属和亲友今后正常生活的周全方案。汪辉祖在平湖县幕时，嘉兴知府邹应元非常器重汪辉祖，说他经手办理的案件"必为犯人留余地，议论纯正"。汪辉祖是怎么做的呢？他说，每次刚接到案子之初，粗读案情都会觉得十分愤怒，接下来才会渐渐平静下来，再细看案情，慢慢地觉得犯人没有那么可恨，也有"可怜"之处。然后，他本着为犯人着想的态度，努力找出一个能兼顾律例和情理的最佳方案来。他细心审问犯人，从来不轻易刑讯逼供。通过娴熟的审问技巧，他总能从犯人嘴里问出事情的真相。因此，他审问过的犯人很少在供认犯罪事实后再翻供。这种精神确实值得称道。他办案非常慎重，他说，我每次办案，如果仅有口供，我总担心案情是否真实。凡是犯徒刑以上的犯人，县官当堂审讯时，我一定会在堂后凝神细听。如果犯人的供述前后出现矛盾，一定会告诉县官要再次审讯。并告诫他不可因为犯人供述不一致而在大怒之下用刑，所以往往审讯常达四五次及八九次之多。一旦发现有疑点，一定要马上进行审讯，不能因为县官有畏难情绪或心存侥幸，就不去做。自己也是每讯必听，并不因为劳累而生厌烦情绪。案情审讯完毕，在写判词定罪的时候，再次反复揣摩案情。"设令死者于坐号相质，有词以对，始下笔办详，否则不敢草草动笔"。正因为这份认真与谨慎，因此他写出的判词，往往"讲习律令，剖条发蕴，寻绎究竟，轻重之间，不爽株黍"。浙江巡抚庄有恭说他："事经汪君，必无冤狱。"

汪辉祖办案，能设身处地为当事人着想，几十年后，一些在案件中受过恩惠的百姓仍对他称颂不止。嘉庆五年，汪辉祖已离世，浙江平湖县乍浦一姓高的老者回忆往事，对汪辉祖的侄儿说："乾隆二十八年的时候，我的老父被仇家构陷，卷入一场命案，地方衙役来抓他的时候，恰逢他出门在外，本来要改日抓捕，没想到过了十多天都没有消息。多方打听，承办案件的官员告诉我，说是令叔当时在幕中主办该案，是他力主我父不应牵涉在内，县官听从了他的意见。我父亲感佩令叔之恩，曾经说过，没有汪公，我不但要被抓到牢里，恐怕得家破人亡啊。"归安县的严元照家是开钱庄的，有一年卷入一件盗案中，差役抓他父亲的理由是查获的钱币有一部分是由钱庄经手的，因此要查封钱庄。正当全家惶惶不安之时，严元照的父亲被放了回来，衙门只是派人来查验了钱簿，并没有刁难的举动。后来才知道是汪辉祖所为，全家无不深为感激。

第四节　勤、慎、公

在中国传统的官僚统治中，为官理政形成了一套明确的规范，宋代吕本中在《官箴》一书中说：当官之法，唯有三事：曰清，曰慎，曰勤。知此三者，可以保禄位，可以远耻辱，可以患上上之知，可以患上下之援。"清、慎、勤"三字本出自晋武帝司马炎的为官规语，司马炎曾对李秉等权臣说："为官长当清、当慎、当勤。修此三者，何患不治乎？"①清康熙帝曾手书三字赐予群臣，以为慎戒。清人方大湜阐述三者的关系时说："三字之中，自以清为第一要义。官如不清，虽有他美，不患上谓之好官。"②对此，汪辉祖有不同的理解，他认为三者之中，勤为第一。有一次，他在跟同僚的闲谈中，这样阐述自己的认识，他说，地方官为政，事务如此繁杂，稍有懈怠、偷懒，则确定了审理日期的案子要一推再推，该审结的案子也审结不了，判决迟迟不能下，必然给周边生事之人有了觊觎的机会，招摇滋事往往由此而起。这时候哪来的"清"，哪来的"慎"？可见三者之中，勤列第一。

汪辉祖一向勤于问案，其勤勉敬业真是令人惊叹。在为幕之时，对

---

① 陈寿：《三国志》卷十八《李通传》。

② （清）方大湜：《不好不坏言》卷一。

要处理的案件，他总要事先提前安排好审理的期限，绝不任意更改。他认为，许多幕友在处理案件时，常常因为四个环节的不重视而给自己带来不必要的麻烦，这就是"示期常改，审案不结，判稿迟留，批词濡滞"。"示期常改"就是易犯的第一个问题。汪辉祖说，乡下人都是有急事才进城来，进城一趟不容易，因为农时耽误不起。如能在中午之前把事办好了，马上就可以回家。如果过了中午都还没有办成，那就只好在城里找个地方住下来。如此一来，不仅要多花费些钱，还白白地荒废了当天要做的其他事情。小民百姓哪个不是靠自己的劳力来养活自己，耽搁了一天应该去做的事，就会减少养活自己一天的费用。至于那些被看管监禁起来的人，多关一天都无法忍受，哪能随意拖延呢？而且频繁改动审理时间，不仅会让民众守候，失时费钱，还会使知道案情的人借机生事，搞的案件更加扑朔迷离，不好解决，所以汪辉祖办理案件从不拖延。对当事人的控状，汪辉祖一定仔细核查，弄清本意。因为他发现，控状人往往在事件陈述中曲折曼联，本来是一件事说成多件事，或者把以前的事跟眼前的事混淆在一起，或者把不相干的两件事放到一起，用彼件事来证明此件事，陈述完全不分轻重缓急，甚至故意东拉西扯，或"渐生枝节"，或"反宾为主"，以便掩盖真实的意图。这样的控状如果不加核查，不仅无从认清案件实情，反而为办案的差役们提供了从中滋扰的机会。汪辉祖的办法是不听控状的一面之词，往往亲临实地，就地了解真实情况。他举例说，对于因

图4-4 汪辉祖画像

为田土疆界引起的纠纷，在处理前先要亲自查核鱼鳞图册，还要亲到田地现场勘查，如果图省事，交给差役去办，不光白白让老百姓多掏了费用，事情还办不好。他每遇到命案重情，一定跟随随主官到现场勘验，回来以后，如果他认为还存在疑点，哪怕已经深夜，一定要马上覆鞫。拟判的时候，也是要求思虑周全，通盘运筹。拟判时也是非常谨慎，常常费时几昼夜，易稿十余次才最后定稿。在湖南宁远县任上时，几乎每日都坐堂问案，往往从上午九点多开始，一直审案到下午六七点，有时甚至审问到晚上十一点，身体已经疲不可支，正打算休息一下，又有控状人告上衙门，即便如此，他仍强撑着把案件审完。以至于问话时都感觉气力不济，真是做到了"握发吐哺"的地步。因此在宁远县任上，他不仅将所受理的案件迅速审结，还将历年积压的上控旧案也清理了，因为出色的办案能力，汪辉祖还被奉委审理其他州县的案件。

清代州县对人命案的处理非常重视。因为人命案的判案量刑出现差错，对州县官的处罚相当严厉，轻则撤职，重则充军掉脑袋。而人命案发生，审案中一旦出现嫌犯游移翻供的情况，就必须开馆验尸，而验尸就是一项非常辛苦的工作。因此，在仵作（专门负责验尸的胥吏，相当于今天的法医）上报尸体受伤情形之时，地方官员一定要亲自反复查看尸身是否确如仵作所汇报的那样。如果发现新的证据或新的情况，必须一一记录在案，以辨别真伪。假如遇到盛夏季节，地方官也不能为了躲避秽气而放弃这项烦人的工作，因为那样的话，极可能会给仵作留下作弊的空间。汪辉祖治狱多年，人命案发他必随主官亲临现场，可算得上验尸无数。在他看来，只要心志坚定精神集中，是不会怯于这种场面，而且鼻子也是闻不到恶臭的。他认为这是有鬼神在呵护，今天看不过是心理作用罢了。

地方官检验完毕后，需要与凶手的供词进行仔细比对，如果核对属实的话，就把棺材重新盖上，让死者入土为安，办案结果也可以经得起任何检查。如果还没抓到凶手要怎么办呢？汪辉祖说，若是凶手不在，就必须让仵作准确测量死者伤口的尺寸，地方官也要仔细检查。一旦日后找到凶器，就可以与尸检报告记录进行比对，顺藤摸瓜查获真凶。所以说，地方官亲临现场进行验尸都是破案必不可少的环节，只有勤于办案，才能把握案件实情，获得第一手的材料，这也是为什么汪辉祖一再强调勤的原因。

理讼毕竟是个复杂的处理程序，不是只有勤快就行的，还要慎重，有主见。所谓慎重，有主见，就是要认真细致地探求事实，不要先入为主。名幕万维翰在其所著的《幕学举要》中开篇便指出，"办事以见解为主"。办事贵在有自己的真知灼见。批阅呈上来的状纸时，主审之人要能辨别出哪些信息为真，哪些信息为假，哪些信息是引发案件的缘由，哪些信息暴露了呈状人的破绽。对此事的结局也要有所预判，然后再确定该从何处着手。这样，才能将案件处理妥当。那怎样才能做到办案有主见呢？第一，刚接触案件时，不要有先入为主的偏见。假如心存偏见，就会蒙蔽自己的双眼，既不能看清事情真相，也无法公正裁决是非曲直，必定会偏离实情。第二，进入正式办理阶段时，不可以漫无主意。假如拿不定主意，办事就会犹豫不决，审案过程也会歧见百出。如此一来，案件不但难以了结，还会招来更多的争议与诉讼。清代审理刑案，在州县官审讯之前，大多已由佐杂衙役取得嫌犯的草供，这些供词从字面上看，严丝合缝，似乎确凿无疑，可以定案，但是汪辉祖认为这不可靠，不足以采信。在经过他的详讯之后，真相才得以显露。所以他一再强调不可轻信草供，一定要慎为审讯。他在反复详讯之外，对特别强调的是不可轻用刑讯，因为三木之下，何求不得，但是所得的大多是怨抑之词，上司覆勘时嫌犯往往翻供，所以他自己审案绝少用刑，而尽量利用其他方法探求实情。经他处理的刑案，甚至有讯至四五次、八九次之多，他为每一个案件所付出的精力、心血真是难以估量。

汪辉祖认为，供词之外，另一个最为头疼的就是伪证的辨别。如不辨明，是非便难以准确判定。汪辉祖在浙江嘉湖幕中时，听说过有这样一件事，有一个书吏受人贿赂，用小刀将写有绝卖字样的房产契约的绝字剜去，然后仍旧把绝字补在原来的位置，主审的县官见后，大为生疑，误认为是原业主有意剜改，将活卖改为了绝卖，于是判决断为活产断赎，使得业主蒙受冤屈，却无处告诉。所以他强调对于此种物证务求十分小心，不可遽信。

汪辉祖在浙江平湖县幕时，碰到了这样一件案子。几年前，孝丰县一个姓蒋的船主在行船中被人劫杀。县里发公文通缉，但一直没有线索。这一年的年底，平湖县抓到一个名叫盛大的逃军，他纠集匪徒抢劫，审问之后，盛大承认自己就是抢劫蒋船的匪徒。并且从他们的住处起获一床蓝布被套的棉被，经被害船主家人指认就是船上之物，人证物证俱在，似乎可以定案了。汪辉祖仔细审阅他们的供述，发现同案犯的八个人，所做的供述竟然完全相同，说的每句话都是一样的。汪辉祖暗暗生疑。他让县官第二天升堂覆勘，汪辉祖在后堂悄悄听审，发现盛大认罪特别爽快，供述时非常流利，就像背书一样。汪辉祖有了主意，第二天升堂，他不再同时审讯八个人，而是轮流提上堂来，问的案情或多或少，不再从头问到底。果然，这次八人所做的供述就完全大不一样了。八人中有的承认，有的不承认，还有的当堂喊冤。汪辉祖心里有数了，这必定其中有问题。他让人把船主家人指认的棉被拿来，暗暗坐上记号，又从百姓家中借来十几床相同颜色的新旧棉被，然后混在一起，让事主辨认，事主那还认得出来。经过仔细的勘问，这才弄清了案情。原来盛大因为其他案子被抓后，觉得自己是逃军，又有抢劫的罪，反正免不了一死，当追问蒋船主被杀是否是他所为时，盛大就毫不犹豫一口承认了。而蒋船主的家人也糊里糊涂就指认了。至于那床棉被，实际上就是盛大自己的。事情到此，汪辉祖认为案情大白，可以定案了。但衙门中有人说汪辉祖枉法，是为盛大开脱。汪辉祖听了，很是气愤。过了两年，真正的凶手在元和县归案，这才还了汪辉祖一个清白。经此一事，汪辉祖深深认识到，写在纸面上的供词实在是靠不住的，如果轻率地凭供词判案，后果不堪设想。以后凡是判徒刑以上的案子，他一定要亲自听审才行。

汪辉祖认为，要想将案件审理得好，还要守得住一个"公"字。如审判出现失误，只要不存得失私心，不存成见，一定会反复查勘，直到得悉实情。而公开审讯就是一种很好的方式。清代法令并不要求审讯公开，汪辉祖说，许多地方官都喜欢在内衙听讼，因为内衙闲杂人少，审案没有那么多拘束，可以起止自如。如果在大堂审案，免不了终日危坐，非正衣冠、尊瞻视不可，而且审案之中不可以中局而止，形劳势苦，不是每个审案者都能吃得了这个苦的。但是汪辉祖认为只有在大堂上审案才是正理，因为内衙审案参与人数少，只能判定个案的是非，大堂审案影响就大多了。一则可对于堂下旁听之人发生教化作用。大堂问案，无论何人都可以旁听，官员听断的对还是不对，逃不过民众的耳目，而且许多大同小异的案件，大家看见这一次是这么断的，下一次便可以不必再来，无形中便少了许多词讼。所谓明刑弼教，功莫大焉；二则对审案官员也是一种约束，在众多旁观的百姓面前，自当严格举止，言辞得当，不能自失身份。三则公开审讯对审案者也有好处，例如汪辉祖审理户婚案件之时，常常传唤堂下父老询问当地风俗，然后再行酌判，所以判决也易为原被告接受，因而减少纷争。进一步而言，公开审讯也可以防止审案者涉私。原被告及人证均不入私衙，审判过程均在众目睽睽之下进行，暧昧之事就不容易发生。

第五节　察吏之弊

胥吏衙役是历代衙门中官与民交接的枢纽，主要由书吏及差役组成。书吏古已有之，主要从事政府文书的书写与档案材料的保管。在先秦时代，吏的职位是世袭的。秦代在废除了世官制度以后，政府才开始自行雇用吏员。因为他们通晓政府运作的程序以及控制和掌握着上下级文书往来的主要资源，因此地位相当重要，秦代有"以吏为师"的说法。西汉初年的萧何就是地方小吏出身，汉承秦制，西汉时期仍有不少吏员们凭借过人的才能而得到皇帝青睐，被擢升为公卿要职的。但随着儒家思想开始成为治国理念之后，吏员的地位开始下降，因为他们熟悉律条，用法严峻，而被斥之为只知钻研"刀锥之末"（法律细节）而不识"大体"（治国大道）的"刀笔吏"。到了明朝，吏员的地位进一步下降。吏员已经不可能通过考试进入官的阶层。就是说，官和吏虽然同是政府的成员，但吏员无论其能力与成绩如何，都不能升为官，薪俸收入也微乎其微。官员往往隔几年就会调任他处，吏则不同，基本上一辈子留在当地。吏的身份降到了与差役相同，社会地位自然一落千丈，受人鄙薄。

虽然遭人轻视被称为"胥（小）吏"，但他们在衙门中的地位却不可小视。明清地方衙门都设有六房书吏；是跟中央的六部吏、户、礼、兵、刑、工职能相对应而设立的。专司办理各种公文，如吏房负责书吏的选拔，办理当地士绅选官的手续、当地保甲乡里头目的选拔登记等事务；户房负责钱粮的征收；礼房负责地方的祭祀，组织童生考试；兵房负责办驿站，选差役，衙役的选拔；刑房负责协助办理司法审判事务；工房负责各种公家用房和公共设施的修缮。应该说，政府的一切运转的部门都掌握在他们手里，地位如此重要，但社会地位及薪俸收入却如此

病榻夢痕錄

卷上

雍正八年庚戌十二月十四日寅時余生於大義郷中巷俌友堂之東室汪氏自大倫公始由鄞遷蕭山傳十六世爲曾大父字夏公諱必正　曾大母沈孺人生子三　先大父贈文林郎朝宗公諱之翰季子也　先大母贈孺人鄔典史贈文林郎晉贈奉直大夫南有公諱楷輝祖遷蕭祖爲十九世孫時　奉直公以蔭選入都　先嫡母方太宜人伯疾末瘳　先生毋徐太宜人免身四日卽治爨

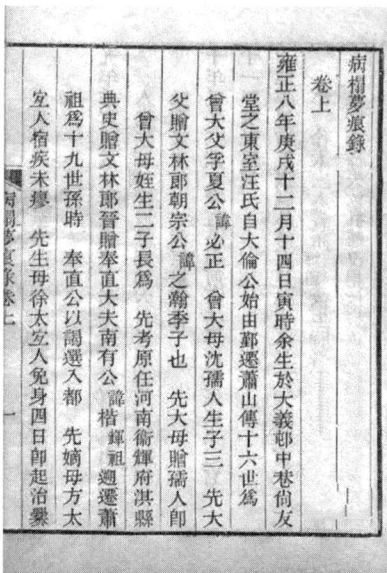

图4-6　汪辉祖撰《病榻梦痕录》（清光绪十二年山东书局刻本）

之低，这就为书吏们的寻租打开了空间，他们通过开辟各种各样的灰色收入通道来维持生活，而近乎世袭的机制，又使得他们对当地社会的影响力远比主官更大，由此，就催生了各种积重难返的陈规陋习。

以衙门办理案件来说，书吏的作用不可或缺，特别是书吏对历年成案的熟悉与查检，就无人可以替代。清朝各部衙门处理案件大致程序是这样的："堂官委之司官，司官委之书吏，书吏检阅成案比照律，呈之司官，司官略加润色，呈之堂官，堂官若不驳斥，则此案定矣。"而且"司官欲检一案，每以属书吏，必援例、必检成案"。这些成案或为朝廷部院，或为一省督抚，或为道府等所办理的案件，而适用于全国，或一省，或一地。对于地方官而言，因为它们是已经上级衙门核定，如能依据它们办事，萧规曹随，便不易被驳斥，所以这些成案也有近乎例文的效力，因而也时常被笼统地称为"例"。经过立法的"例"，大多皆及时颁行全国；有些部院的成案亦然，但是"省例"便不一定。至于道府的政令，则极少编纂颁行，只有曾经在实际案件里适用过的才留下记录来，是为"实例"。以前没有标准的文书管理办法，全凭书吏去做，他人绝难插手。官员处理一事之前，想要知道此前曾否有相关的实例，但是无法自行去找，只好依赖书吏。但是成案年久累积，数量众多，除非熟悉，否则根本不可能从庞大的档案中找到适用的例。这时候往往就要依靠书吏了。书吏不仅要在大量的档案之中找出相关的各类的"例"，还需要向官员说明哪一个"例"可以适用。

书吏们都是世代为业，靠此为生，对当地风俗、人情以及有关的例都非常熟悉。所以公文也罢，案件也罢、一经过他们的手，就成为要挟谋利的工具，往往以此挟制上官，制造麻烦，而上官往往无可奈何。造成这种现象的原因就在于官员到任之前少有法律教育或司法实际的经验，也很难掌握任所当地的风俗、人情以及有关之"例"。至于上司官员，他们的工作是复核地方官的决定，很少将案件重新处理，如有疑问通常都驳令下级更审，所以仍落在最初处理此事的书吏手中。

书吏在审案的时候负责记录个人的供词。但那种记录不是原封不动一个词不漏记下来，常常书吏笔下多两笔少两笔，就会让案情变得很不一样。胥吏常常会为上司出各种主意或建议，如果这些主意对百姓有利，他们就会说得冠冕堂皇。这种时候，主官要特别当心。若是轻信他们，草率推行之，说不定会让百姓受累，适得其反，因此，如何管理这些办理公文的胥吏就成为幕友佐治的第一要务。

雍正年间，保和殿大学士兼吏部尚书张廷玉就遇到这样一件事，一位曹司发现一卷公文写错了地址。张廷玉查看之后发现，这份公文把"元氏县"写成了"先民县"。按规定，这份公文应该驳回去，让原省官署重新制作一份，不过，张廷玉没这么做。他又仔细端详了一番，肃然道："这并非写错，而是有人在公文上添加笔画造成的。"曹司奉命调查，果然如张廷玉所说，是一位胥吏涂改公文。依照清代公文规程，格式不正确与内容有误的公文，都会被驳回原省，也就是说，地方官署每修改一次公文重新上交，一个月甚至几个月的时间就过去了。于是，各省官员为了公文能早日通过，不得不向吏部的胥吏行贿。胥吏们以此法敲诈勒索。有同僚问张廷玉是怎样看穿真相的，张廷玉答道："假如把'先民'写成了'元氏'，那应该是外省官署的笔误。这次是把'元氏'写作了'先民'，分明是被人添加了笔画。这四个字的读音和形状都不相同，通常来说，不会出现笔误，因此一看便知是胥吏捣鬼。"

书吏之外，县衙还有衙役，即一般所说的"三班衙役"，所谓皂隶、捕快和民壮，其实还有狱卒、仵作（负责验尸）。其中，皂隶是正印官的跟班随从，官员升堂的时候要站班，行刑打人，官员出行的时候要跟从，排列仪仗；捕快干的是现在的警察事务，负责侦察、抓捕人犯；民壮是地方征集的民兵，负责保护地方治安。衙役除了民壮之外，都属于贱民，三代不许参加科举考试，比书吏的地位要低。衙役跟书吏一样，没有薪俸，只拿一点儿工食钱，法定的收入比书吏还少。但是，在实际行政运作中，他们处于直接操作层面，只要官府的权力和权威在，他们就可以借此为自己牟利。他们除了借一定的陋规可以捞取额定的收益外，还能借跟民众直接打交道的过程，为自己获取额外的好处。所以，尽管衙役身列贱民，但乐意从此业者却大有人在，因为他们不仅威风（老百姓往往尊称他们为"班翁"和"捕翁"），而且不劳而获，油水很大，所以人们宁愿放弃正经百姓不做，而要去当衙役。按规定，一般县里编制内的衙役不过几十人，但实际上往往上千也不止，正役之外有帮役，帮役之外还有白役（没有正式编制）。

衙役也被称为差役，拿着签发的传票去办案，传票也叫差票，程序是先由书吏草拟一稿，写上原告、被告姓名，被传人姓名，案由，执行衙役姓名、人数，发票日期、有效日期等，官员过目后由刑房书吏填写，再由县典史或州吏目签发，最后由州县官拿朱笔在被传人的名字上点一下确认。清朝民间谚云："堂上一点朱，民间千点血"，说的就是官司一旦打起来，传票一签发，老百姓就要遭罪了。清代退休官员李榕在《十三峰书屋书札》中讲了一个亲身见闻的故事。故事说，四川剑州有一种"查牌"差役，有时四五人，有时七八人，四散于乡，既不知道这份差使起于何时，也不知道他们究竟负责查什么，乡下人只管他们叫"查牌"。查牌差役所到之处，市镇街坊上的生意人，有的为他们安排酒食，有的送他们一些盘费。这些差役到了路边小店或偏僻零星人家，也必定吃人家一顿，还不断抱怨自己干的是苦差。从来也没有人敢和他们对抗。一旦遇到有酗酒的、赌博的、偷窃瓜果鸡狗的，这些人立刻来了劲，动不动就要将人拘拿捆走，再根据贫富程度讹一笔钱，也没见真把什么人抓到官府去。

明万历年间，沈榜任顺天府宛平县知县，他在其所著《宛署杂记》中对胥吏盘剥百姓的名目有这样的描述。说一旦百姓摊上官司，如果是要拘送官衙的话，胥吏要收"鞋脚钱"；如果已经被抓起来，原被告愿意和解的，要收"酒饭钱"；如果搜捕嫌犯，故意株连希图开释的，要收"宽限钱"；乞求开拓的"买放钱"，城内每月每家的"灯油钱"；买卖房契的"画字钱"，等等，真可谓数不胜数。沈榜说这帮人"遂不复知人间有羞耻事"。以"宽限钱"为例，又叫"贼开花"，清人姚元之在《竹叶亭杂记》里是这样描述所谓的"贼开花"：说民间发生盗窃案，在呈报县官衙之后，差役下乡办案，一定先打听清楚被盗窃的邻近之家，哪些资财殷实但又没有官方背景的，一旦摸清底细，往往诬指他们为窝户，拘押起来索钱。每报一案，牵连数家，名曰"贼开花"。老百姓害怕被抓，宁可出钱买平安，这些胥役收到钱后，才将他们释放，称为"洗贼名"。一家被贼，即数家受累，如此数次，殷实者亦空矣。

监狱是法定的囚禁羁押待质人员的场所，从清律来看，无论是班房、卡房，还是私押，都是属于非法的、应取缔的场所。所谓"管押之名，律所不著"。《大清律例》规定："如有不肖官员擅设仓、铺、所、店等名，私禁轻罪人犯，及致淹毙者，该督抚即行指参，照律拟断。"对于滥禁人证的官吏，清律的处罚不可谓不严厉，比如《钦定吏部处分则例》有这样的规定："差役私设班馆，押禁轻罪、干连人犯在官署内者，将该管官照故禁平人杖八十私罪律降三级调用，因而致死者革职治罪，失察之府州降一级留任，道员罚俸一年，臬司罚俸九个月。在官署外者将该管官照不应禁而禁杖六十公罪律罚俸一年，因而致死者照误禁致死杖八十公罪律降二级留任，失察之府州罚俸九个月，道员罚俸六个月，臬司罚俸三个月。"对于私押者更是予以严惩："差役有因索诈不遂将奉官传唤人犯，私行羁押，拷打凌虐者，为首枷号两个月，实发云贵两广极边烟瘴充军。"但实际上呢，远不是这么回事，待质人证一多，差役们就将他们私自管押起来任意处置，或关于班房，或关押于私家场所，敲诈勒索，无所不为，很多只需关押三五天的，被悄悄关押上几个月。甚至利用在押犯人牟取利益。比如将那些被关起来的盗贼，暗中在黑夜放出，令其盗窃，得赃后分肥。如果是民事案件的牵涉人，就用来恫吓榨取利益。如果是命案的牵涉人，就将他押在污秽不堪的处所，加以威逼。汪辉祖的建议是最好禁止设立临时关押犯人的班房，断绝胥吏牟利的途径，如果有需要临时关押的，也必须禁止衙役将人关押于"私家"，因为相对来说，任由关押于私家，还不如关押于"公所"，便于稽查。汪辉祖坚持亲自查点班房，随时审结随时放人，以防衙役作弊。

汪辉祖在归安县幕时，当地的民风热衷于滋事诬告，胥吏衙役们趁机盘剥，大肆敛财。汪辉祖向主官建议禁止这种滥讼风气，并针对此类案件采取拖延或搁置不办的方式，希望能够以绝其迹，使此辈生财之路断绝。于是一些诬告者遂与衙门县役及门人等勾结，诬告汪辉祖受贿而不办案。幸而主官信任汪辉祖，事情才真相大白。作为刑名幕友佐治的一项重要职能，这种矛盾一直是存在的。从根本上讲，是两者立足点的不同决定的。刑名幕友还有一种持申韩之学，代官佐治的想法，骨子里还有一种读书人齐家治国的理想，但对于胥吏来说，眼里更多的是利益，在社会阶层上升无望的现实面前，还有几人能不唯利是图，不为非作歹，不借机骚扰百姓，以各种手法中饱私囊呢？

第五章

经义与律例的权衡

第一节 律之所穷，通以经术

　　汪辉祖为幕三十四年，加上在湖南为官的四年，三十八年间处理的案件不计其数，这些案件有的被记载下来，大多数已经无从稽考。但从他本人记载的及他人所记，从中可以领略汪辉祖办案的基本思路，可以大致完整地观照出清代司法的基本状况。

　　清代规定"断罪引律令"，司法判决原则上都应该以法律明文为据。"凡断罪皆须具引《律例》，违者笞三十"，"不为定律者，不得引比为律，若辄引致断罪有出入者，以故失论"。[①] 如果没有明文，则可以有限制地比附类推，以弥补律例的不足。这些判决如果关系重大，往往会被刑部列为成案，而予"通行"，使全国司法官员一体遵守，等到下次修订律例之时，可能被纂成定例。除了这些刑部认可的成案之外，各地又有自己的成案先例，存在各衙门的档册里，由书吏们掌握着。遇到类似

----

　　① 《大清会典事例》卷八五二。

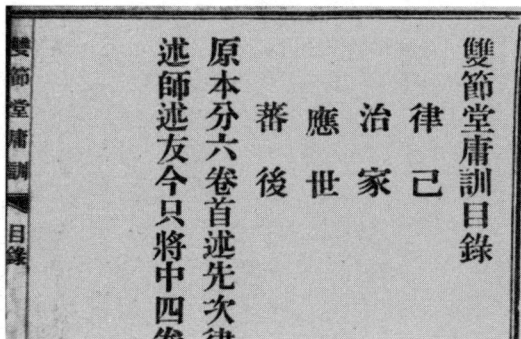

图 5-1 《双节堂庸训目录》书影

的案件，他们便将先例找出，作为拟稿的蓝本，清代对成案的运用有相当严格的规定。《大清律例·刑律断罪引律令》中有关于成案的具体规定："除正律、正例而外，凡属成案，未经通行著为定例，一概严禁，毋得混行牵引，致罪有出入。如督抚办理案件，果有与旧案相合，可援为例者，许于本内声明，刑部详加查核，附请著为定例。"在司法实践中，援引成案则是一种比较普遍的做法，不但可以为待决案件提供参考依据，而且可以给自己提供一种保护措施。因为在皇权专制的社会里，官员动辄得咎，如果能有成案可援，就相对安全多了。刑名幕友大都深晓此道，为了使自己所办案件能够顺利结案，不至于遭到上级衙门的批驳，于是操作案件时无不处处参照成案。但汪辉祖的态度却迥然不同，他认为不宜轻引成案，理由是"成案如积墨然，存其体裁而已"。所谓程墨，就是书肆中为方便士大夫科举而编纂的格式时文，有了程墨就可以丢开经书了。但办案能依葫芦画瓢吗？汪辉祖不以为然。汪辉祖说：办案仅以成案为准，如同刻舟求剑，办出的案子很少有恰当的。即使是同一个团伙盗窃，因为每次作案事态情状的不相同也就必然导致犯罪具体情形不同；同一个人斗殴杀人，可是其起因、下手的情形会迥然不同。按照这个道理推导其他事情，没有一件事不是这个样子。人情事态瞬息万变，找不到完全相同的事情；稍微有一点儿不同之处。就会让人反复推敲，大费心神。犯罪的人能获得生机的道理就在这个地方，因错误而让犯人受到误判的原因也在这个地方。否则，对罪案不精细地辨别分析；具体问题具体处理，而只是搬用成案判决，小则会导致犯人翻供，使得办案半途而废，前功尽弃，大则会产生误判，或者纵容了罪犯，也有可能冤枉了罪犯。因此不能不谨慎从事。汪辉祖说，至于如果案情明了的案件，就更不需要参照成案了。"自有一律一例适当其罪，何必取成案，而依样葫芦耶？"再者，引用成案，会形成先入为主的成见，这是办案的大忌。只要仔细推敲案情，自会得出准确、客观的看法和结论。如果套用成案，照抄搬用，就免不了在案情的基础上有意无意地增删修改，要知道差之毫厘，就会失之千里，贻误事情，后果不堪设想。

要运用律例，首先必须对律例有准确的把握，否则审案、判案就会出错。乾隆二十六年，也就是汪辉祖在浙江秀水县衙做幕友的时候，这一年他遇到了一桩案子。县里有一个叫作许天若的人，生性放浪，不拘小节，常常好酒生事，招惹邻里，引出些事端来。这一天许天若喝醉了酒，正醉眼蒙眬，摇摇晃晃往家里走的时候，恰巧路过了蒋虞氏妇人的家门口。蒋虞氏一向有些姿色，许天若垂涎已久，苦于大庭广众之下，一直未寻着机会调戏蒋虞氏，这次酒醉之下，胆子一下子大了起来，他一边拦住蒋虞氏，一边拍着自己鼓囊囊的钱袋炫耀自己有钱，口里说些污言秽语来。因为是邻里，蒋虞氏一向隐忍他，哪里受得了这个，羞愤之下，破口大骂许天若。过了几日，蒋虞氏一张状纸，就将许天若告到了县衙。这种事在乡里也算不得多大的事，而且也没有牵涉财物人命，因此衙门以为没什么事，未引起重视，案件就被搁置了下来。哪知蒋虞氏本是个刚烈的妇人，觉得名节受损，非要公堂上理论，屡次到衙门催告。再说许天若酒醒之后，也根本没把这件事记在心里，听说蒋虞氏把自己告了，大为恼火。多次跑到蒋虞氏家门口，当街骂起蒋虞氏来。蒋虞氏一个妇道人家，那里受得住这种怨气，回到家中，左想想不开，右想也想不开，于是就上吊自杀了。人命一出，案子就非同小可了。但案子怎么判，县衙的幕友们一时犯了难。按照雍正十一年的定例规定：强奸未成，或但经调戏，本妇羞愤自尽者，拟绞监候，秋审俱拟情实。乾隆五年的定例规定：凡村野愚民，本无图奸之心，又无手足勾引、挟制窘辱情状，不过出语亵狎，本妇一闻秽语，即便轻生，照强奸未成，本妇羞愤自尽例减一等，杖一百流三千里。具体到本案，粗看起来，本案正是乾隆五年定例所禁之事；但仔细理解例意，好像跟本案有所有出入，依汪辉祖的看法，"羞忿"是本案判断的关键，而妇女因调戏产生的羞忿之心，与自尽应有事件及时间发生的密切相连，基于常理，事情过后数日或一个月，再认为自尽是调戏所致就不大说得通了。回到本案，汪辉祖认为，许天若不过是口头上放荡了一些，但并没有真正逼奸。而蒋虞氏和许天若因为调戏事情发生口角，已经是在蒋虞氏死之前一个月的事情了，如果蒋虞氏真是因为跟许天若争吵而有了羞愤之心自杀，也就不会等到一个月之后了。现在蒋虞氏的死，不过是因为她催促官府办案，又遭到许天若的辱骂，死于一时的冲动和气愤。也就是说，蒋虞氏的死完全是她的冲动，而不是因为许天若调戏她而出现的羞忿所致。再看例文，雍正十一年例强调"但经"，乾隆五年之例强调"一闻""即便"。强调的是事情发生时间上的连续性。既然非死于羞忿，乾隆五年之例便不适用；而清代又无处罚令人气愤至死之条，本案乃至无律可遵。然而蒋虞氏之死，确与许天若先后调戏、辱骂有关，此等行为不能不罚，所以汪辉祖并不直接引用羞忿之条，科以流刑，而是比照该例，酌减其刑，改拟杖枷。后来知府、臬司都同意了，但是巡抚又予批驳，大约认为量刑减得太轻，所以汪辉祖又改拟比照上述之例而减一等为杖一百徒三年，获得上司核可。

乾隆二十一年，江苏无锡县民浦四的童养妻王氏与浦四的族叔浦经通奸，事发到官。童养妻媳在我国传统社会里很是普遍。她们自幼受夫家养育，与夫家家人关系密切，往往以亲属名分相称，一如已婚妻媳。但是历代法律，并未确定她们与夫家是否有亲属关系，所以要诠释上述律例，很不容易。在清代，通奸称之为和奸，是有罪的。凡是没有亲属关系之人和奸，各杖八十；如果女方有夫，则各杖九十。如果双方有服制关系，则处罚更重。依清律，奸缌麻（最低一级应该互相服丧的亲属）以上亲，及缌麻以上亲之妻者，各杖一百徒三年；奸夫发附近边卫充军。就本案而言，浦经与浦四是叔侄关系，在传统家族中属于是大功亲。如果王氏与浦四是夫妻，浦经与之相奸，便是奸缌麻以上亲之妻，应判充军。但是王氏只是浦四的童养妻，与律例上的妻应有所差别，究竟如何适用该条，实在大费周章。

汪辉祖在无锡县幕处理此案时，认为例内所称的亲，并不包括童养妻媳在内，所以浦经与王氏应以一般通奸罪论处。这一拟批没有得到知府、臬司及巡抚的认可，认为王氏与浦四毕竟是有夫妻"名分"的，而且彼此亲人之间也都是亲戚往来，怎能视为一般人呢，认为这样的处理不妥。汪辉祖一再辩覆，指出：男女必须遵行婚礼才有夫妻之实，《礼记》中载有曾子问："三月而庙见……成妇之义，女未庙见而死……不迁于祖，不祔于皇姑。婿不杖、不菲、不次。归葬于女氏之党，示未成妇也。"虽然清代未必遵照古礼，于三月庙见之后方才成妇，但是对于结婚，却也要求若干慎重的礼仪。王氏与浦四并未举行婚礼，自无夫妇名分。王氏既非浦四之妻，虽然与浦四家人亲近，称浦氏之父为翁（翁乃遵循乡例，对于辈分尊且年长之人的通称。），浦四与王氏则兄、妹相称（兄妹则非夫妻）。但在法律上终无亲属关系。所以她与浦经通奸，不应该用亲属服制的条款。如果因为王氏自幼受浦家养育，"疑于近妇"的话，就应当按照《尚书》上"罪疑惟轻"的原则处理，至多只能比附凡人轻款，略为加重，于杖刑外加枷号三月，以示区别而已。汪氏此说引经据典，通情达理，终于获得巡抚批允。

在中国传统文化的语境中，文史素养的多寡在一定程度上决定了一个读书人修齐治平的境界与水平，而这与施才理政是一致的，当然平理狱讼也是应有之义。恰如张之洞所言："随时读书，随时穷理。心地清明，人品自然正直。从此贯通古今，推求人事，果能平日讲求，无论才识长短，筮仕登朝，大小必有实用。"① 纵观宋代至明清的科举考试，考察的重点一直侧重于读书人对古典文献知识掌握和运用的熟练程度。这显然跟今日专业人才考试制度截然不同。原因是什么呢？司马光是这样解释的："夫天下之事有难决者，以先王之道撰之，若权衡之于轻重，规矩之于方圆，锱铢毫忽，不可欺矣。是以人君务明先王之道而不习律令，知本根既植，则枝叶必茂故也。"② 这种机制设计的背后，隐含着当时制度设计者对治国人才的理解。在他们看来，理一分殊，有了对儒家文化的深刻理解，对传统文史的熟读乃至精通，经史合参，自然也就具备了把握和运用这些知识的能力，就能通晓治国治民之术，拥有更强的施政能力。这当然有一定的道理，儒家强调培养君子，儒家思想构建的家与国的伦常观念、道德评判体系以及在此基础上国家整体制度的构建，无不蕴含在这些儒家经史之中。至于施政理财，处理狱讼这些平常之事，都不过是通晓这些后的应有之义罢了。这样一来，就不难理解为什么在儒家思想治国的制度下，在实际司法审判中，一个官员（特别是司法官员）是否能够正确引用和诠释儒家经义，是考察他对儒家经义的准确理解和正确运用的能力，用今天的话来说，要灵活准确地适用更高层次的理论对具体案件进行正确操作的指引，这叫作不拘泥于成法。自然，在传统法律观念中，一个高明的司法者，能力的评价与判断的标准就是能够做到在案件处理上遵律例在内，又出于律例之外。用汪辉祖的话说，用律，遵律不难，难的是"避律"。所谓"避律"，就是能做到"神明律意"，如果机械地套用律例，一个刑房书吏就足够了，还要刑名

① 张之洞：《增订輶轩语》，光绪二十一年（1895 年）陕西学署刻本。
② 司马光：《司马温公文集》，卷六《论体要疏》，商务印书馆，1936 年版，第 159 页。

幕友干吗？在实际的案件处理上，汪辉祖很多的思路和解决的方式往往来自这些经史之中。所以汪辉祖一再强调要读有用之书，说的就是这个道理。

第二节　以情融法

汪辉祖一向主张"法贵准情"，"法有一定，而情则千端。准情而用法，庶不干造物之和"。办案如能以情融法，以人情为旨归，法律就不会那么令人生畏，而乐于为人所接受，达到法律所追求的效果和目标，在某些特别的情况，可以原情而略法。邵晋涵是汪辉祖的同年，两人同一年科举登第，两人私交甚笃，但两人的人生道路截然不同，汪辉祖辗转于各地幕府，而邵晋涵一直在翰林院供职，他对汪辉祖办案能够明律通礼，"本之以仁"，一直持十分赞赏的态度。

汪辉祖在江苏长洲县幕时，碰到了一件案子。有一户姓周的有钱人家，男主人年纪轻轻就死了，留下年方 19 的寡妇周张氏，不多久，周张氏生下了一个遗腹子，取名继郎。周张氏好不容易将继郎抚养到十八岁，到了可以成婚的年纪了，没承想一场时疫又夺走了继郎。这样的打击对周张氏来说，真是难以承受。族人商议，为了让周张氏的晚年有人照顾，就为她立个继子吧。周张氏却不同意，她说："我儿已经成人，周家不能绝后，要立的话还是为我死去的儿子立继吧。"族人不答应，说继郎并未成婚，哪有未婚而立继的道理！立继有子而无母，传出去不是个笑话吗？为了此事，周张氏跟族人一直争论不休。一气之下，周张氏一纸诉状告上了县衙。到汪辉祖接手这个案子的时候，官司已经拖延了 18 年，还未能解决。

　　为什么立继的事闹得这么厉害呢？这是因为在中国传统观念里，立继是一件很重要的事。第一，因为中国人相信死后鬼魂需要血食，所以需人祭祀，而最可靠的祭祀者，应该是承受死者血统及遗产的人；第二，因为中国长久以来是一个男性中心的社会，限以男子为继产、祭祀之人（女子出嫁，便脱离父族，加入夫族，帮助延续丈夫的血统，祭祀丈夫的祖先），所以如果一个人没有男嗣，死后不仅自己变成野鬼，其祖先也短少了血食，乃是极其严重的事。作为传统的宗族社会，没有哪个家族不重视立继的大事。汪辉祖拿到状子，觉得周张氏的境遇实在让人可怜，年轻守寡，辛苦抚养幼孤，其中的辛苦实非他人所知！如今又白发人送黑发人，更是苦上加苦。按照她的意思，为儿子立嗣，本也是情理之中的事啊，为什么族人一定要阻挠不让呢？现在周张氏已经是年逾六十的人了，来日无多，族里何苦为难至此？汪辉祖决定顺从她的意思，立嗣以嗣其子。况且律例虽然没有明确的规定，可礼有明文啊。《礼记》上说："为殇后者以其服之。"说明古礼中是可以为殇者立嗣的，否则这个"后者"从哪儿来的？就本案而论，完全可以适用。于是拟批："周张氏抚遗腹继郎，至于垂婚而死，其伤心追痛，必倍寻常。如不为立嗣，则继郎终绝，十八年抚育苦衷，竟归为乌有。"汪辉祖的同事提出异议，认为这件事不过是有钱人家争家产，不按照律例处理而去引礼记上的话，一旦上面认为这么判有错，怪罪下来，少不得还落个收受贿赂的罪名，劝他谨慎从事。汪辉祖说："他富也罢，穷也罢，不是我要考虑的，我这么做，不过就事论理罢了。"县官争执不过，只得勉强依他的意见呈报了上去，但终究心里还是放心不下。过了几天，抚台衙门果然来文要求将全部案卷封送。原来是有人不满汪辉祖的意见，认为他一定收受了周张氏的钱财，才会这么为她说话，所以将汪辉祖告了。但当时的江苏巡抚是清朝著名的理学家陈宏谋，他见到汪辉祖的呈报，大为赞赏："此批得体，此批得体！"消息传来，大家悬着的心才落了下来。

　　乾隆二十六年的时候，在浙江省秀水县发生了一件家族纠纷案。当地有名的富豪陶氏家族因为继承的事，官司打到了衙门。陶家的长房有一个独生子，叫作陶惠先，他被过继给没有孩子的叔父。陶惠先自己有五个儿子，长子过早就去世了，于是陶惠先就让次子的儿子陶璋过继为长子的继子。不想陶惠先死后，三子陶世侃想独吞家产，就假装说父亲身前说了这样的话，要次子本来已经过继给长子的儿子回归陶惠先本来的一房，而由自己的儿子来成为长子的承嗣，这样就可以顺理成章地成为家产的控制者。二子自然不服，兄弟俩为此争吵不休。那族人中，也有帮助次子的，说用孙子来继祖从来就没有这样的例子，次子的儿子不应该归继，也有帮助三子的，说本房有儿子却要绝嗣，这是不符合情理的，所以归继没有什么说不过去的地方。

　　这个官司情况过于特殊，甚至连很多熟知律例的高层官员都无从下手，最后案子又发回到本县。秀水县的县令是孙尔周，原来是汪辉祖的老师，汪辉祖此时正在他衙门内作幕，两人为这个案子久久思索，不得其解。有一天晚上，汪辉祖突然想到《礼记·丧服小纪》上面的话："殇

图 5-2　师爷形象之三

而无后者，从祖祔食"，茅塞顿开，于是做了这样的裁断：以孙继祖的说法，是不可行的。次子的儿子仍然继长子，不得归继本房。如果说本宗有儿子却绝了嗣让人感到情理难安的话，那么就将本宗祖先的牌位附在陶惠先和他长子的牌位之上，共同享受祭祀的香火。这一裁断引经据典，合情合理，不但陶家人最后都心服口服，连上司都对汪辉祖刮目相看，江苏巡抚庄有恭称赞说："此君余在江南久知之，真有学识。"他特地召见汪辉祖，"一时虚誉顿起，钱塘、嘉兴、海盐、平湖争致关聘"。

汪辉祖并不是迂腐的刑名，他对引律与援引儒家经义的界限有清楚的认知，在律有明文的情况下，自当引律，而不是经义为先了，否则就会酿成错案。他在平湖县幕时，发生一起案子。县里有一个叫黄俞氏的寡妇，已经有三十多岁了，丈夫去世后独自带着两个女儿生活，已有四年。同宗中也没有可以继嗣的合适人选。于是族人就要按照祔食的惯例，将黄俞氏丈夫留下的四十二亩田交给宗祠充作祭产，由族人来稽查地租，防止黄俞氏出售这些地。黄俞氏气不过，告上县衙，恰好此时汪辉祖因事不在衙。代任的署令刘开焘就批准了族人的要求。判令由族长来收租，每年只给黄俞氏母女三十石米，不允许黄俞氏私自出售田地，也不准黄俞氏向佃户收租。黄俞氏不服。汪辉祖回来一看批文，便觉不妥。因为《清例》中有明确的规定："妇人夫亡无子守志者，合承夫分，须凭族长择昭穆相当之人继嗣。"这种"户绝财产，果无同宗应继之人"，财产也应该由亲生女儿来继承，这是别人不能干预的。他认为例文明确，不可废弃不用，转而滥引礼经、成案，何况黄俞氏守寡守了四年，从没有卖出一块地产，这说明她是很能持家的。她一个妇道人家，带着两个年幼的女儿，以后女儿长大，需要用钱的地方多的是，一年只给她三十石米，这那里能应付得过来？现在把黄俞氏和亲生女儿放到局外，倒让族长来管理这些田产，这是不合礼法的，也没有这样的习俗。汪辉祖仔细斟酌，决定将此案改判，将五亩田判归黄氏宗祠，等到以后黄俞氏的女儿出嫁了，黄俞氏身故了，就由黄氏宗祠来收租，租金作为黄俞氏夫妇的祔祭。其余三十七亩田地，都归黄俞氏自己经营，或租或卖，都不允许族人干预。汪辉祖准情酌理，将一件件似乎无法调和的争讼，处理得使各方人士心悦诚服，章学诚赞其擅长"引经折狱""读书通变，而不失其正，可为经旨通其外义"。

第三节　隔壁看影戏

汪辉祖佐治三十多年，处理过无数大大小小的案件，应该来说，对审案应该是驾轻就熟了，但实际上，他总感觉案件审理如同"隔壁看影戏，万难的确"。要从纷繁复杂，千丝万缕的案情中查得实情实在不是一件容易办到的事。

1765 年 6 月（乾隆三十年），浙江乍浦同知及参将拿获外洋渔匪，株连六七十人。事主供称兄弟三人分驾三条船只一同出海打鱼，海上突遇狂风，船只随风一路飘到黄盘岛，之后又停泊在一起，这时候遭到了分乘三艘船的林好等人的抢劫。上司将这一案件交给了平湖县知县刘国煊处理，当时汪辉祖正在平湖县幕中，经过审讯，查实是林好一人抢劫，其他十六人并未参与，只是偷鱼、窃网等行径，之所以这些人认罪，是因为之前被抓时，负责抓捕的参将大张其事，在向上司报告的时候故意夸大其词，把它说成是查获江洋大盗的大事，闽浙总督将此事奏报朝廷，乾隆皇帝下令由江浙两省巡抚会审。《大清律例》对江洋大盗的处刑很重，清律规定：强盗已行得财，不分首从皆斩。窃盗得财，计赃论罪——一两以下杖六十，至一百二十两以上绞监候。白昼抢夺得财者杖一百徒三年，计赃重者加窃盗罪二等，止于杖一百流三千里。雍正、乾隆年间因洋盗猖獗，多次制定新例。如雍正五年定例：江洋行劫大盗俱照响马强盗例处斩。乾隆二十六年定例：滨海沿江行劫客船者，一经得财，俱拟斩立决。汪辉祖在审理中，发现了案情不符合常理及逻辑之处。汪辉祖说，即使在宽仅五六丈的内河，如有几条船只同缆泊于东岸，如因狂风把缆绳吹断而漂到西岸，也不可能几条船同时向西岸漂过去，漂过去以后又同时停泊在一处；何况黄盘岛地处外洋，大海上无岸无边，三艘船被大风驱散，怎么可能会漂到同一地点，然后在同一地点再被同一伙海盗抢劫。这连巧合也说不过去啊。事主的说辞，实在是违背常理，根本不足采信。经过详细审问后，实情果如汪辉祖所说。三艘船在狂风中无法相顾，然后被林好等人分别抢劫，并非本案嫌犯与林好合伙打劫。据此，汪辉祖认为本案虽然符合定例，但实际是一人所为，其余诸人偷鱼、窃网，并非本案同伙，因此不应当适用新例。于是汪辉祖拟判：林好拟绞；其余窃盗十六人分别计赃量刑，处以流、徒、杖、笞有差；余人因无窝赃为从情事，一概释放。这一案件的处理非同小可，汪辉祖在一接触案情时即知道此案的压力，曾经向刘国煊请辞，并嘱咐刘国煊一定要小心行事。毕竟此案是乾隆钦定的案件，又有江浙两省巡抚的会审，压力之大可想而知，稍有差池，后果难料。刘国煊深知汪辉祖的审案能力，坚请汪辉祖办理此案。汪辉祖为拟此案的判词，连续四日四夜不停笔，起草的判词修改了十余次之多，才得以最终完成，最后奉上谕下部议，报可，数十条人命才得以获得保全。

汪辉祖在办案中，摸索出一套成功的做法，比如对于重大案件的办理，由一个人专门负责，汪辉祖认为这样可以让办案人员事权统一而有富余精力，自然可以保证断案不出差错。不过，有些案件需要会同他人一起审理，没有独自决断的权限；又或者案情重大，牵涉到一群人。在这种情况下，稍微不冷静或不仔细，就会弄出冤假错案来。所以，汪辉祖每次遇到这两种状况时，总是先把案情的头绪梳理出来，再统筹好审理工作的轻重主次。可以用事件为线索，找出相关涉案人员；也可以用相关涉案人员为线索，理清整个事件的前后经过。运用这两种办法，就能把案情梳理得明白清晰了。

汪辉祖办案，善于从细微之处洞察案件的蛛丝马迹，他在宁远时办过一个案子。宁远县县民匡诚因膝下无子，于是抱养了一个姓陈的孩子，给他取名匡学义。后来匡诚生子匡学礼，就给了匡学义八亩田地，让他认祖归宗，解除了收养关系。匡诚死后，匡学礼也病重不起，给妻子李氏留下了二百亩的田地遗产，另外把五亩的田地赠予匡学义，托他在身后帮助照顾家事。此后十七年的时间里，李氏勤俭持家，又把家里的田地增加了一百多亩，因为李氏不识字，所有田地买卖的契约都是由匡学义经手，具体情况李氏并不知情。直到一次无意中听人说起，才觉得不对劲儿，找人一查看，发现所有的田地买卖契约上都写明是李氏与匡学义合购。李氏气愤之下，将匡学义告上县衙。当时汪辉祖尚未到任，宁远县衙没有辨明实情，就以契约为凭，判令李氏与匡学义平分所购田产。到乾隆五十二年汪辉祖到宁远任上时，官司已经辗转宁远县，永州府，永州府又发还宁远复审。汪辉祖仔细研判案情，发现了李氏不识字之一关键细节，并亲自查明匡学义家产的具体情况。在查清这些事实后，在审讯时，令匡学义将现有家产、丁口以及应纳田粮的实情道出，汪辉祖一一核实后，发觉匡学义所说的收入与支出严重不符，于是拍案大怒说："既然入不敷出，那你跟李氏所买田产的钱从何而来，莫非是窃盗而来！"吩咐书吏将县里历年的失窃案子全部拿出来，要严加审讯。匡学义一看抵赖不住，只得将伪造田产买卖契约的实情说出，案子这才告破。

乾隆五十三年，汪辉祖在湖南宁远任上，因为办案能力突出，被上级抽调省府，受命审理了这样一件案子。零陵县县民谢子纯的弟弟因故身亡，过了六个月，其妻刘氏生下一遗腹子。三年后，有一个叫作蒋甲的人，突然跳出来状告刘氏，说刘氏所生的孩子是自己的。是自己生下后，由刘氏的佣仆董氏出面代刘氏办理的。这个案子历时四年，从县打到府里，一直没有明确的结论。县府使用滴血认亲的方法，但结果游移，也不能确断。汪辉祖在仔细阅读案卷后，发现没有接生婆的供词，只有董氏有一份供词，其中讲到刘氏曾经在孩子四个月的时候雇用过奶妈，于是心中大疑。汪辉祖暗中查问刘氏，刘氏将当时接生婆以及接产时帮助的邻家老太太的具体情况说出，并说明自己在孩子四个月后因为乳房生疮，不能母乳，而不得已请过奶妈的情况和盘托出。汪辉祖一一查访所涉之人的姓氏居里，所得的各人供述均与刘氏相符。他在研判案情后，终于发现了此案是谢子纯所为，是谢子纯伙同蒋甲、董氏诬控，目的是图谋刘氏的家产。

第四节　善体人情

名幕张廷骧说："幕虽小道，非洞达世情，周知利弊，焉能出而佐人。"刑名幕友要熟读《大清律例》，这是基础，但要想在判案时能够熟练运用合适的律例，达到审案的目的，关键是要善于体验观察案情人情。汪辉祖说过他办理案件时的情感变化，他说，一开始接触案件，往往被案情牵动，十分的愤怒，等到心情平静下来之后，再研读案情，从犯人的角度设身处地考虑，竟然有了不一样的感受，可恨之人也有值得怜悯之处，于是好好谋划，努力找出一个能兼顾律例和情理的最佳方案来。汪辉祖办案从来不轻易刑讯逼供。依靠对案情人情的洞察，他总能查出案件的真相，平息争端，让当事人心服口服。

中国幅员广袤，族群众多，每个地区的风俗习惯与民生状况，往往大相径庭。主政之人必须学会虚心求教，体察民情，了解当地人推崇什么、反感什么、需要什么，然后根据当地的实际情况，采取最合理的举措，对地方法律法规随时加以损益修缮。完成好这些基础工作之后，再着力宣传官府的新政。如此一来，衙门上下和当地老百姓都可以相处得很和睦，主政者的政绩与名望也会因此上升，幕友与胥吏落实法律政令的执行力也将得以提高。若是一味我行我素，机械按照律令行事，而没能结合风俗人情进行变通，就会招致各界的埋怨与毁谤。古语有言："利不百不兴，弊不百不除。"若是一项举措收益不够大，就不要去推行；若是一种时弊的危害可以忽略不计，就无须为此费神。这是那种真正阅历丰富的人才说得出的话。

那么体察当地风俗人情，当从何处着手，又该了解哪些内容呢？汪辉祖认为，体问风俗首先要了解当地禁忌。每个地区的百姓性情习俗千差万别。幕友每到一处游幕，首先应该查问当地有哪些禁忌。做幕主的人也是一样，当以察访民情风俗为第一要务，因为触犯当地禁忌最容易失去民心，无论你如何清正廉明，都不能抵消给百姓带来的负面印象。办事不妄下结论，说着容易其实做起来很难。每办理一件事，就从百姓中选一些老成之人来询问，然后再根据反馈意见折中处理。这样一来，幕主就能做到兼顾律法与情俗，处置结果定能让百姓满意。汪辉祖无论是为幕还是任官。常常到辖区各地体察民情土俗，还亲自制作《客言簿》。他向当地父老询问各种情况，例如有没有土匪、讼棍，如果有的话，再查出姓名、年龄、样貌、住处。他就这样耐心地调查，将询问结果一一登记在《客言簿》中。按照他的估算，假如幕主或幕友每天询问一种民俗，那么一百天就能了解一百种民俗。不出几个月，就能对地方上的情况了然于胸，对如何推行善政也是心有定见。如此一来，幕主不单是处置公务时能做到中肯周全，还可以让政令在当地畅通无阻。

汪辉祖在浙江平湖县幕时，出了一个案子。有个叫孙叶氏的妇女，第一次出嫁，与丈夫生活了十七年，丈夫死了；又嫁给一个姓孙的，只生活了十一个月，丈夫又死了。她就守着小孩和遗产，雇了一个姓秦的短工，在家过活。孙叶氏的远房侄孙孙乐嘉认为孙叶氏家里雇一个男人容易引起闲话，就找到秦某，请秦某另找东家。秦某说孙叶氏欠着他的工钱，要等付清了才能走。孙乐嘉又与族长商议替孙叶氏做媒，使其再嫁。秦某与孙叶氏知道后，就到县里告了族长和孙乐嘉一状，说他们逼改嫁。等到县里追查此事，秦某很快跑掉了。孙叶氏当天晚上乘人不注意，上吊自杀了。对于此案，很多幕友认为应当依照"威逼小功尊长"或"威逼寒妇改嫁，以致本人自杀"的罪名，分别判处族长和孙乐嘉绞刑和充军。巡抚认为此案须再审。汪辉祖接过此案，经过仔细分析案情，发觉历次审讯都没有抓住案件的真正要害，此案实际上是一起通奸案。他认为对族长和孙乐嘉不应判绞刑和充军，只需处以杖刑，枷号数日，即可结案。上官大为惊讶，汪辉祖分析道："孙叶氏的后夫死后不到一年，她就面涂脂粉，身穿花衣，哪像是守节的样子？她丢得开十七年结发夫妻的恩情，却替结婚十一个月的后夫守节，断然没有这样的事情。所谓守节，其实是舍不得离开秦某。秦某是因家境贫困出来帮人干活的，怎能容忍别人总欠着工钱还

图 5-3 登闻鼓

长期给人干活？秦某跑掉，是怕县里追查下来，奸情暴露。孙叶氏自寻短见，是因为秦某离开了她。只要抓住秦某查问，案情自然就一清二楚了。"不久秦某被抓获，一审之后，秦某果然供述与孙叶氏通奸事实。众人大为叹服。汪辉祖在处理这个案子时，不但有敏锐、细致的观察力，而且能根据实际案情做出正确的推理，而不被假象所迷惑，从而得出了符合实际的结论。

汪辉祖出任宁远县令之后，凡遇户婚田土的民事案件，一定先请教在堂旁听的耆老，询问风俗，以便判案时作为依据；然后在斟酌案情后再拟判，决不会轻易在堂上杖责。特别是同族亲友之间互讦，更不会通过杖责来解决是非，汪辉祖认为，同族亲友存有亲情，事情常因误会而起，双方在堂上说明白了，谁对谁错立马就知道了。如果杖责的话，反而给亲人之间留下不必要的误会，产生怨恨，留下后患。还不如晓之以理，让他们有所悔悟，则"一纸遵依，胜公庭百挞矣"。此外，汪辉祖还指出了另一条重要经验：各地方的方言有所差异，为了保证沟通无阻，应该聘用通事（翻译人员）。若是一不小心听错了一句话，也会让案情差之毫厘，谬以千里。因此，对待这种异乡人犯罪时，尤其要注意慎之又慎，不可敷衍了事。

在汪辉祖看来，审案的过程，就是不断剥离假象，还原真相的过程，而这个过程如果不能洞达世情，周知事物，就免不了会陷入误区，导致出现误判，错判。唯有把方方面面可能出现的罅漏都考虑到，以谨慎不苟的态度来对待每一个案子，就不会被假象所欺瞒，就能顺藤摸瓜查明真相。汪辉祖之所以被百姓称为"神君"，不正是因为他既能熟悉律例又能洞察民情的缘故吗？那些被百姓赞为"青天"的良吏，哪个不是以勤勉认真的态度办案的？哪个不是亲力亲为努力做好每一个办案环节的？

清末法制变革之初，传统的司法制度被弃之一旁，一切睁眼向西看，各地法政学堂开设如雨后春笋。面对此种状况，善于理讼决狱、颇有能吏之称的樊增祥忧心忡忡（著有《樊山批判》），他认为中国基层司法审判有其特殊性，不是单纯具备专门法律知识的人员就能够应付的，他说：一般州县的案子，真正按照法律明文规定去审去判的最多不过十几件，规模小一些的甚至一年不见得有一起。而且审理的案件大多是户婚田土诈伪欺愚之类的民事纠纷，这些案子在处理上"贵在酌理准情，片言立断，不但不能照西法，亦并不必用中律。做吏者明敏能断，则拖累少，而受福者多；优柔不决，虽心地好而作孽不浅"。他还认为"大抵审判之事，一要天分，二要学问，三要阅历，四要存心公忽，不贪不酷不偏，然后可为折狱之良吏"。[①]他激愤地说："审理案子哪有那么简单！不信你看看世上，有的人读书万卷却审不了一案，有的身为法律专家，碰到案子一样犯难无法决断。现在这些法科学生，经过一年半载的学习，毕业后就升堂审案，操生民之身家性命，天下哪有这么容易的事！"他并不认为这些接受西式法律教育的学生能够胜任中国基层的司法工作，因为在他看来，所学与中国基层社会的实际状况与要求相差实在太远。日本法史学者滋贺秀三也指出，在中国传统社会，一名优秀的民事法官需要"在家庭、婚姻、亲族等身份秩序和财产、交易等经济秩序这方面，拥有关于包括事实和规范在内种种具体情境的广泛见识与敏锐的洞察力。这样的资质，首先通过作为士子的一般学习与教养，即读书作文以及与师友交往等人生经验的广泛蓄积来形成其基础。士子的读书绝不只限于儒家的典籍，他们也被鼓励涉猎政治、行政上有用的书籍。对于有关婚姻、继承或家产分割、不动产交易、金钱借贷等今天称之为私法领域的种种知识，他们或者自己体验，或者见闻到身边亲戚、邻居、友人发生的事情，通过这种人生体验的一部分逐渐

---

① 樊增祥：《樊山政书》，卷二十《批拣选知县马象雍等禀》。

领会。等到担任地方官等从事审判业务，则他们作为官僚有了机会得到从性质和密度上都区别于一般教养和人生体验的实际锻炼"。[①] 此话令人深思。

---

① （日）滋贺秀三：《清代的民事审判与民间契约》，法律出版社，1998 年版，第 69 页。

第六章
短暂的仕途

第一节　湖南"神君"

1786 年的深秋（乾隆五十一年），距离汪辉祖考中进士又过去了十个年头，这十年里，汪辉祖继续着刑名幕友的生涯，在他 57 岁的这一年，终于等到了到部里候选的机会，他急匆匆赶往京城，在垂暮之年，他要从为他人佐治开始亲操州县治权了，命运的航船在此发生了转向。

他沿着运河坐船一路北上，秋后的江淮大地，一片枯黄萧条的景象。运河的河道似乎比当年入京赶考的时候要狭窄些了，过了扬州以后，船走起来就明显缓慢多了，从杨家庄到白洋河原来两天的航程整整走了五天。这条水路汪辉祖北往南下已经来来回回了不下八趟，周围景致再也唤不起他的兴趣了。但这次行来，放眼两岸，满目的衰败景象还是令他触目惊心。船行到亨济闸，汪辉祖就看见一个约八九岁的瘦骨嶙峋的小女孩，被一脸菜色的父母领到客船上，乞求客人收养，但没有人肯将这小小年纪的女孩收下，一家人只好哭泣而去。船行没多久，又有一对年轻的夫妇，看上去不过二十来岁，沿着河道叫卖，有一个船工花了四千钱，便将那少妇买了。这四千钱在当地，连一石米都买不了。又有一个老人，带了一个十七岁的女孩和一个五岁的男孩叫卖，那女孩被人买走，得了五千钱，但那男孩始终没有人过问。船行到皂河，就看见几个女人在岸边荒地旁挖野草充饥，听旁人说这个地方吃野草已经有好几个星期了，吃了之后会腹中胀痛，要不了几天就会死去。但是由于实在没有其他东西可以吃，野草也成了救一时之命的食物，饥民大量死去，死了之后没有棺材，草草埋在土中。后面的再来埋人，常常几锄头下去就会刨出具尸体来，河岸上到处都是土穴，尸骨横七竖八，惨不忍睹。船一路行来，此种触目惊心的景象屡屡呈现在汪辉祖的眼里，这位饱经风霜的老人在此刻究竟想了些什么呢？或许四年后的辞官归里的想法是不是此刻就已经悄然在他的心里扎根？

两个月后，汪辉祖终于抵达了京城，经过吏部的官员任命程序，他签掣湖南永州府宁远县。在完成了这件事后，他去拜访了翰林院供职的好友邵晋涵，他俩相识于乾隆三十二年一同赴考的路上。多年未见的好友，相见之下，十分高兴，邵晋涵深知汪辉祖的为人，一再告诫他，官场不同于幕府，不要过于自负，不要过于炫耀在刑名、钱谷、书启方面的技能。因为在错综复杂的官场中，这些都是忌讳的。"如果你自恃有本事，对待上级必定会傲，对待同僚必定会骄，对待下属必定会刚愎自用，如果你傲了、骄了、愎了，你就办不成什么事"。邵晋涵说，你要谨持两个字，做到：敬、静。汪辉祖凛然听从了朋友的建议。

第二年的早春二月，寒意还未消退，汪辉祖在急匆匆料理完家中事务后，立即赶去湖南赴任。三月二十六日，汪辉祖抵达宁远县境，踏入县城的那一刻，他被眼前的景象深深感动了。只见街道两旁挤满了人，大家纷纷攘攘，伸着脑袋想看看新来的县官长什么模样，衙役们分站路两旁，齐声吆喝，诺声雷动。汪辉祖从幕三十多年，跟随州县官出行不是没见过这样的场景，但那都是属于别人的，这次不一样了。汪辉祖感

图 6-1　古代衙门口

念之余，不由得暗下决心，唯有谨身勤民，才能不"负朝廷，负百姓，负母慈"。

清代州县官员新到一个地方就任，先要做的第一件事就是斋戒，然后留宿城隍庙。不论他是否真在庙中留宿，次日早晨要向城隍爷献祭并诵读祭文。祭文中包含州县官的誓约：如不贪赃、不枉法；如有违反，任由城隍爷惩罚。汪辉祖下车伊始，即有人到衙门告状。汪辉祖见状，二话不说接下了状纸。随从劝说他，今天是你第一天上任。按例要先去城隍庙行礼，不应当问案，你可不能违背了规矩啊。汪辉祖说，为官最重要的就是民事，为什么今天就不能问案呢？

清代州县官，虽然只是最低层次的地方长官，但却是整个官僚体系的基石。而且相对于高一级行政系统中的大小官员，只有州县官才算是真正的"治事之官"，其余几乎都是所谓的"治官之官"。州县官人称父母官，是直接面对百姓的亲民官，政务繁巨，故"易于见功者，莫如州县，而难于称职者，莫如州县"。清代知州知县，主要来源于两个方面，正途包括科举、贡生、监生，非正途包括举荐、捐纳以及吏员升迁。一般科甲出身的州县官员，一开始并无实际从政经验和能力。而由吏员、幕友升迁者，往往经验有余而威望不足。汪辉祖出身进士正途，又有丰富吏治经验，正是理想的州县官人选。

清代州县官有两大基本事务，一是催科（征粮征税），二是听讼（审理诉讼案件）。俗话所说的"皇粮杂税"，一般在每年的夏秋两季开征，收取地丁银和漕粮（一般都用货币抵）以及各种附加和摊派。征缴一般由各个村庄将应缴之钱粮，按户开列清楚，由里正和保甲人员催征，统一上缴。如果有个别农户不能按期交纳或者拒绝交纳，村庄和宗族则可以把他们交给衙门。衙门限制期限，采用强力逼迫交纳，人称"比较"，比较期限一过，则可以以抗粮抗税罪论处，抓捕到案，责打与枷号示众。无论是征缴的期限还是手续往往多有弊病，期限急，手续繁复，所以成了一大苦差事。汪辉祖在为幕时就注意到这一点。如何将征缴的手续变得简便、合理，不使百姓受累就成了他考虑的问题。以往征收漕粮的期限不定，百姓将粮运到库房后，因为库房的转运原因，百姓往往需要等待十多日方才得到办理，不胜其苦，而漕胥趁机根据入库先后收受贿赂。汪辉祖在海宁县幕，建议依据各乡道里远近，以此决定运输漕粮的先后顺序，虽然看起来是一个极为简单的办法，但是自从施行之后，却给百姓带来了极大方便，多年之后他们还称颂不止。

汪辉祖在宁远任上，在征收赋税上也想出了一些改进的办法。宁远县偏远，没有库房，每年收缴的钱粮都是先置于大户之家，很是不方便。汪辉祖自出俸禄修建库房三间，设库丁，杜绝了舞弊之门。他在每年两季开征之前，要求往年欠缴的农户先行补缴。凡是应缴的正供钱粮大户先缴，小户给以适当的期限，便于从容筹措。汪辉祖这么做，自是考虑到大户与小户的经济差别，况且对小户屡屡催缴，往往引发事端。

大约因为汪辉祖善于治赋，所以在乾隆五十五年奉委清理道州历年积欠钱粮。他发现主要因为该州以往过于优容绅衿，很多并没有获得生员资格的也在实征册内注明是"衿户"，抗不缴粮，所以他立即颁谕禁革，并亲往抗粮最力之处，将积欠钱粮最多的数人拿获。围观的民众多达千余人，于是他以乾隆四十二年浙江百姓因民抗粮拒捕，终遭朝廷骈诛遣戍的案件相告，围观的百姓这才散去。不长时间，拖欠的钱粮就全部清缴完毕，到汪辉祖去任，宁远县已不存在分文亏空。

汪辉祖是个注重实务的人，他浸淫官场数十年，对官衙中的陈规陋习多有体会。官府往往在正常的赋税之外，还会巧立名目，额外增收一些。这些陋规自然是盘剥百姓所得来的。但因为存在已久，裁撤固然可以博取美名，但仔细权衡之下，应当慎重对待，而不是一撤了之。汪辉祖说，官府这么做，也有不得已之处。因为正常的财税收入往往不足以应付正常的支出。地方想做些事，需要借助地方乡绅富户的财力，这就产生了种种腐败与陈规陋习。如果一旦取消这些名目，这笔收入没有了，一旦有事需要而财政无力支付的时候，只能对老百姓加强搜刮，这就形成了新的赋税名目，反而进一步加重了百姓的负担。这样一来，不仅滋长官吏贪婪之风，而且滋扰百姓的危害比废除陋规前更大。更糟糕的是，官府在收取了这笔陋规之后，新立的名目会继续保留下来，长此以往，赋敛积重难返，老百姓的日子会更加难过。何况各个地方情形不同，总应因俗制宜，斟酌调剂才是，不能为了一时的美名，而制造不必要的事端，这样做，非但不足以成事，而且也是"慷他人之慨心不可问，君子耻之"。汪辉祖敏锐地发现了一个存在已久的问题，这就是明末思想家黄宗羲批判的"暴税"现象，黄宗羲说，历代税赋改革，每改革一次，税就加重一次，而且一次比一次重。汪辉祖是个实干家，他在实际事务的处理中敏锐地发现了这个问题，他不是替陋规辩护，他也主张废除那些极其可恶、害民甚深的陋规，只是这种除旧布新的公事非常

图 6-2 清代衙门内景

难办。某些不自爱的人，可能趁机刁难攻讦，狡猾之徒也会乘势浑水摸鱼，守法的百姓反而深受其害，不能安居乐业。

听讼是州县官员的另一项日常事务，除非人命官司，官府一般不主动介入民间纠纷，即使乡村宗族内部以族规处死族人，如果没有人首告的话，一般也不加干涉。明清的县衙，都规定有固定的"放告日"，即准许告状的时间。清朝大部分时间，放告日为三、六、九，即每逢有尾数三、六、九的日子，就可以上衙门告状，但每年的四月初一到七月三十，为农忙期，除了人命、谋反之类的重大案件以外，不受理案件。告状一般要有状子，即书面诉状，书面诉状都须有一定格式，规定由官府指定的"代书"来写，即使已经找人写好了，也要经代书誊一遍。放告之后，书吏将诉状集拢起来，知县要对诉状进行甄别选择，决定哪些受理哪些不受理。受理案件以后，如果不是人命大案，则审理进入调解期，以官方的姿态，与当事人所在地的乡绅合作，对案件进行调解。调解不成，则开庭审理，知县发出牌票（传票），传原告被告到庭，听取各自的陈述，然后当庭宣判。如果是人命官司，知县得亲自到现场勘察、验尸。如果案情不明，则派捕快侦察，追查疑犯。抓到疑犯之后，要进行审讯。审讯时均可以用刑，结案必须有疑犯的口供。在清朝，司法过程要经过府、按察使衙门和刑部的多级复核，如果是人命重案，死刑的判决，最终则要经过刑部、大理寺和都察院三家会审，最后报皇帝批准。其中，以刑部专业人士为主组成的"秋审司"最为关键，一般是由他们拿出意见，报皇帝裁决。在这整个司法程序中，州县处于第一线，大量的案件在这个阶段会得到有效的处置。

在湖南宁远，汪辉祖办理过三个特殊的案件：一是捕逐流丐，一是消除油火命案，一是惩治讼师。

乾隆五十年，宁远县地界出现大量流丐。为首的外号"老猴"，广西人，通拳术，为人狡黠，手下常聚众六七十人的乞丐队伍，每天在"老猴"的指挥下，分路到百姓家中强行乞讨，如果被呵斥或拒绝，就聚众行凶。当时恰逢相邻的几个县因为粮食歉收，大量的流丐窜入宁远，人数达到六七百人。这些人分散到县里各处，所到之处，强行索要，民众不堪其苦。汪辉祖一方面设法将"老猴"诱捕，将人数最多、危害最大的一群流丐一网打尽，一方面让手下差役搜捕县境内出现的所有流丐，不到半个月，流丐闻风潜逃，宁远百姓得以安宁。

宁远县地处偏远，民风刁悍，往往人命案出现后，一帮地方无赖子串通地保衙役借尸讹诈，如被牵累，不能满足他的要求，就以报官相要挟，官府往往不察其情，助其奸得逞，所以气焰嚣张，民间称为"油火命案"，把油比作官，把火比作无赖子，油助火旺，比喻这些人害民之甚。汪辉祖到了宁远不到一年，就有九嶷山（又名苍梧山）地保来报，称刘某住宅内有人上吊而死，已查明是刘某所为，因为地处深山，地远路险，官府结案就可以了，通常并不派人验尸。汪辉祖办案经验丰富，一听之下，心中生疑，不顾地保的劝阻，立即动身赶往现场。果然，现场发现一具外地人尸体，但并非在刘某住宅内上吊而死，汪辉祖讯问之下，地保供称是他伙同与地方无赖子故意用一具无名尸讹诈刘某，因为刘某不肯上钩，才由地保到官府报案说是缢尸，以为官府一定会因为路远，不会亲自到现场验尸，而根据地保等提供的证据传讯刘某，刘某在刑讯之下，一定会屈服。汪辉祖在审讯查实后，将地保等人处以满杖刑，并系回县衙枷号示众。自此之后油火之风就再也没有出现。

讼师古已有之，但其名声一直不太好，在官方乃至民间，讼师往往被视为诡计多端，阴险狡诈的角色，这跟中国传统专制统治有根本的关系，统治者对讼师有着本能的反感和厌恶。在官员眼里，讼师无疑是给他们添麻烦的，也就成了痛恨的对象。这一点，汪辉祖也不例外。《清史稿·列传二百六十四》里写到蓝鼎元谈治理台湾的法则时，共讲到了十九条："信赏罚、惩讼师、除草窃、治客民、禁恶俗、儆吏胥、革规例、崇节俭、正婚嫁、兴学校、修武备、严守御、教树畜、宽租赋、行垦田、复官庄、恤澎民、抚土番、招生番。"其中第二条就专门讲到要惩治讼师。历史上流传下来的资料，无论是正史也好，还是野史也罢，很多都是在谈讼师的不是。在传统的父权社会结构里，官府往往被视为父母，民间的诉讼被看作是子女间的争吵，只需他们各自向父母诉说，听其决断便可。如果允许不相干之人介入，必然会将情势弄得复杂。民谚云："无谎不成状"，原被告的状词总不免铺张，如经专擅词讼为业的讼师从中教唆，牵抚滋蔓，会使案情更加扑朔迷离，纠缠无已。在官府看来，这不仅直接挑战了他们的权威地位，而且不利于事情的解决，败坏社会的安宁风气，因此必须大力惩治这类人。汪辉祖到了宁远后，先是暗地查访，将地方讼师之名一一熟记在心。在了解了详情后，将讼师的姓名在街道通衢予以榜示，将其挑拨事端的种种劣迹详记于上，让百姓周知。不久，一名叫黄天桂的讼师冒名代人控告，汪辉祖早知其人相貌，在问明无误后，立即将黄天桂杖责，然后将他系之于堂柱，把他之前代人所办的案件一一检出，分别示审。每隔一天，审理一事，一发现案件中有挑拨词讼的行径，立即杖责二十，然后再系于柱上。连续审了半个多月，黄天桂已经疲惫不堪，但所办案子还没有审完，不得已，他的老母乞求案件的当事人呈请汪辉祖案子不用再审了，汪辉祖这才以累母不孝的理由，将黄天桂重杖一顿后予以放回。

或许，在不同的时代，好的官员有不同的衡量标准，这是不应当苛求汪辉祖的地方。但本质上而言，为民、爱民是一致的。在传统的官僚社会里，官员升迁无不操之于上司，因而虚与委蛇、欺上瞒下、观望拖延往往是官场常态，致使行政效率极其低下，这也是千年的一大顽症。汪辉祖对这种作风深恶痛绝，他认为相比于官员的贪酷，怠政的危害尤大。贪酷有迹可循，怠政却是无形。亲身经历者痛彻肺腑，与事不相关者漠然事外，甚至替怠政者辩解，说他们公事实在是太忙了，顾不过来啊。官府也视为当然，时间一长，就根本不当回事了。汪辉祖说，他们哪里知道怠政会给百姓带来多大的危害！他说，老百姓靠劳力生活，干一天活挣一天的钱，无故荒废了他一天的时间，就会挨一天的饿。汪辉祖说，我小时候住在乡里，看见别人进城去打官司，大概都是两天一个来回。过了不久，便等候衙门批示。如果有亲人收押，还得请亲戚朋友去照料，不断到差役家里奔走打听，动不动就是十天半个月。等到审理的时间确定下来了，又必须邀请相关的人前去帮忙。而等到开始审理时，却又告诉他审讯日期改了。这样搞来搞去，案子就不知该何时了结，也许三五天，也许一二十天。在这期间，差役不能离开，等候审讯的老百姓也走不了。真是使经商的商人不能营业，下地的农民干不了活。至于差役人员的应酬，老百姓住在城里的花销，这又是一笔额外的不菲支出，等到诉讼双方的官司打完，双方的家产便都已经花光，甚而至于有的人还没有返家的路费，走不了路，饥饿、寒冷、疾病交相压来，有的就因此丧命。如果官员能够勤于政事，怎么会让打官司的人落到这个地步呢？那种本来就受了冤枉，但得不到应有的清白，因而心情压抑而死的人；那种遭到迫害，不得已便打官司，却一直等了许久才批示下来，又等了许久才开始审讯，这其间又受暴徒们任意地迫害的人，他们之所以落得这样的结果，都是由于官员懒于公务所致啊。

汪辉祖于1787年（乾隆五十二年）三月就任宁远知县，至1791年（乾隆五十六年）二月以疾卸任，实际任职时间只有区区四年，也是汪辉祖从佐治转到前台任亲民官的四年，长期的幕友生涯给他积累了丰富经验，加之到任以来汪辉祖勤于听讼，兴利除弊，他的能吏之名因此远播，衡、永、郴、桂道员世宁甚至称他"勤民治匪，为湖南第一好官"。宁远当地百姓甚至尊称汪辉祖为"神君"，正是因为他勤于政务，办案公允，才获得这么好的名声。按理说汪辉祖应该能在任上一展抱负了，事实却非如此，很快他就黯然离场了。

第二节　莽知县

汪辉祖在宁远任上，勤于政务，总是把百姓的利益放在第一位考虑，是否会进而影响上司对自己的看法，他似乎毫不在意，乾隆五十四年，他在处理宁远县食盐的事情上终于遇到了麻烦。

自古以来，食盐都是百姓生活的必需品，但是只有沿海及内陆少数地区出产。清代为了保障各地食盐的产销，曾经硬性地分配产销的地域，以湖南宁远为例，朝廷规定的配给食盐是来自江苏的淮盐，每年共一千三百一十四引（每引六百斤）。但是宁远县地处湘南，距离江苏极远，而且地处万山丛中，位置偏僻，东北向的出路只有一条小溪，舟楫

图 6-3　古代衙门大堂

难行，所以很少有盐商愿意跋涉到此处贩卖淮盐，勉强贩来，价格也极其昂贵。相比较，宁远县距广东较近，而且有四条向南的大路通道，货物运输往来很是便利，所以历来都有广东商人到此处贩卖粤盐，售价也比较低。乾隆二年湖广总督史贻直曾经向朝廷上奏，说明淮盐不能接济的原因，请求永州等地允许少量粤盐的买卖，贩卖数量在十斤以内的，准许老百姓零星买食。到后来淮盐因远途运输，价格不断上涨，宁远运来的淮盐越来越少，而粤盐越来越多。到了乾隆五十年，宁远县百姓已经全部食用粤盐。乾隆五十四年正月，湖广总督毕沅、湖南巡抚庄有恭饬令严禁私贩，疏通淮引。汪辉祖奉命之后，一面查禁粤盐，一面劝勉绅商贩运淮盐，半年不到，大宗的粤盐被禁止输入，但淮盐仍旧运不进来，结果造成盐价迅速暴涨，原来粤盐价格是一斤二三十文，被禁后马上涨至五十文，而且在宁远市面上还很难买到。因为官府查得紧，上司经常派出人员到处乔装查访，一般的旅舍怕担责任，拒绝留宿盐贩。所以虽然仍有肩挑背负的小盐贩，但进入县境之后，也不敢公开陈列出售，于是盐贩们灵机一动，将大颗盐粒搅入水中，每钱一文得盐水一杯，买者踊跃。飞涨的盐价闹得民情惶惶，汪辉祖发觉情况如此严重，急忙联络相邻几县（也是准许只卖淮盐），如江华、新田、东安、道州等县，希望大家一起会衔通禀上司，请求缓禁粤盐。没料到上述知县怕得罪上司，不敢附从。汪辉祖只得独自禀报督抚二院及盐巡二道，将情形详细分析，强调淮盐接运不济的客观现实，且民间食盐一向依赖粤盐，数百年都是如此，已经形成习惯了，恐怕不是一时半刻能改变的，即便勉强禁止，但是如果没人愿意千里迢迢到宁远来贩运淮盐的话，民间盐价飞涨将不可免，私盐横行，必将造成社会纷扰。汪辉祖提议说，与其这样，不如一方面容许小贩携带少量粤盐贩卖，稳定盐价，以给民食，一方面索性将宁远等县应行盐引改为粤盐，化暗为明，予以课税。

汪辉祖在通禀上司之后，未及等待批复，立即在宁远县内贴出告示，并严令巡役、地保等人，不得抓捕贩卖十斤以下粤盐的盐贩。同城绿营的士兵将汪辉祖的告示揭下后呈报给总兵刘君辅。刘君辅立即转禀总督，并指责汪辉祖不遵宪令。汪辉祖不得不再次向总督行文具禀，说明身为知县，要安民抚民，责任重大，宁远县户口十有余万，如果三天内没有盐，老百姓闹起事来，到时不可收拾。此禀上达之后，没有任何消息。但在乡间化装查缉的人员很快被撤回，没过几天，总督毕沅下令只可以对贩卖大宗私盐的盐贩进行抓捕，贩卖数量在十斤以下的一概不问。看来汪辉祖的意见发挥了作用。

分配食盐产销乃是集权体制下典型做法，其弊在于武断。供需失调，自然会产生私贩，在经济利益的驱动下，势必会造成许多社会问题。毕沅禁止私盐贩运，自有这方面的考虑。但是他显然没有考虑到实际的情况和此前史贻直奏准的办法，是一项很不妥当的法令。然而在等级森严的官僚体制下，上下尊卑，体制悬绝，下属对于上司的命令只能服从，即便明知是错误的命令，也只能屈从遵行。甚至明明发现窒碍难通，也要尽量敷衍应付，不能违抗，以免给上司造成一个奉行不力的印象。汪辉祖的邻县各知县为自己的前程考虑，当然有这样的顾虑，不愿与他联衔通禀也就在情理之中了。然而汪辉祖不同于他们的是，他无惧于前程，有勇气将实际情形向上司仔细陈述，详细分析了宁远地势、人情、习惯、先例诸多因素，委婉说明了新法令的不当之处。强调了为政者应该为民谋福，不可扰民的大义；同时向上司暗示了十多万百姓无盐可食，而可能引发的严重后果。字里行间，拳拳之心隐约可见。汪辉祖不隐实情，敢于向上司直言，其胆识可见一斑；而他竟然在通禀之后，立即下令县役停止查缉小额的私盐贩卖，就更不是一般人所能为、所敢为的了。即使上司同意他的建议，但这种未经正式批允，独断独行的做法，也是有违官场体例、万万行不通的。万一触发上司不测之威，轻则参革，重则治罪，都是免不了的了。好在当时湖广总督毕沅和湖南巡抚庄有恭都算是乾隆朝的一代贤臣，对汪辉祖的行为并未计较，但是汪辉祖身处官场数十年，不可能不知道其中危险，而他毅然挺身而出，明知有巨大的风险而不顾，这就不能用常理来推断他了。想来一定因为他目睹民间疾苦，感同身受，所以才有了不顾一己之利害，毅然为民请命的行为。毕沅虽然没有明确的批复，但下令撤除查访人员，禁止对私盐贩的滥捕等等，无不说明毕沅听从了汪辉祖的意见，事后也并未对汪辉祖未经批允，私自行动一事进行追究，也间接说明了他是赞同汪辉祖的，内心也是认同的。此事发生后，毕沅曾将汪辉祖的禀文发给自己的幕友传阅，并口称汪辉祖是一位"莽知县"，谁知道毕沅在说这句话的时候，是一种敬佩，还是一种惋惜呢？孔子在千年以前说古之君子"愚也直"，这句话用在汪辉祖身上，竟是如此的贴切！

第三节　辞官归里

　　1790 年（乾隆五十五年）十二月，怀远毗邻的桂阳县发生一起四尸人命案，案情重大，鉴于汪辉祖有丰富的办案经验，湖南臬司委派汪辉祖到现场勘验，但因他故汪辉祖未能在规定期限内前往，此事发生后的第二年，汪辉祖即被臬司题参。令人不解的是，汪辉祖为什么会有如此的疏忽？他事后是这样解释自己的行为的：十月份审理道州命案，并清查前任积欠，十二月五日赴江华县代验命案，七日在案发现场勘验时不慎失足跌落谷底，摔伤脚踝，计算承审命案州县分限，扣除公出，并未逾限。但是汪辉祖先前并未及时禀明迟延的具体缘由，一直到臬司催检后，方才具详，所以奉旨审讯的湖南巡抚姜晟说他："催而后详，迟矣！"汪辉祖有着三十四年佐治的丰富经验，不会不知道其中的道理，而且他一向谨言慎行，敬敏于公事，怎么会不知道其中的切实利害？

　　关于此事的真实原因他在自传中没作交代，但或许在一封回信中可以窥出端倪。汪辉祖在去职后曾给坐师大学士王杰写过一封信，信中对于被参劾一事可能有详细的解释。汪辉祖对于乃师的回信总是不厌其烦地将之抄录，其中王杰在给他的复信中这样说过："甘心罢职，而不肯为私人，此等见识，尤为坚卓。"再结合汪辉祖曾说过这样一句话"游幕三十年，稔知仕途要人不可为，上官

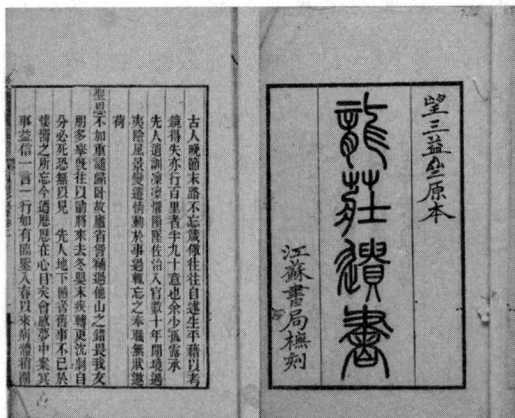

图 6-4　汪辉祖撰《龙庄遗书》（清光绪十二年江苏书局刻本）

私人更不可为，不敢稍有偏倚"。这样结合起来看，汪辉祖之被劾，看来还是因为不肯顺从臬司，为其私人的原因。至于他规避勘检的说辞，都不过是表面上的理由而已。他与上司相处，明知柔顺徇私可以邀宠避祸，但是不愿意这么做，也不屑这么做。他之所以迟迟不行详报，大概即是此种心态所促成的吧。因此落到革职的结果，他的师长同寅以及治下都为之惋惜不已。但其实仔细想来，汪辉祖这样的结局也未必不在预料之中，早在他为幕之时，深知其为人的平湖知县刘仙圃就这样告诫过他：你这样的人，一遇到知交，终日相谈面无倦色，遇到不相合的呢，对坐半天也没有一句话，这样的性情，实在是适合做幕不适合做官，要知道官是官，幕是幕，日后做了官，你要设法学得圆滑婉转些才好。所谓本性难移，汪辉祖显然没有做到这一点。

汪辉祖并不孤单，跟他同时代的另一位大文学家袁枚举业顺畅，做过江宁、江浦、沭阳等县知县，在任办案也是极有能耐，他烦于公事纷扰，在 35 岁正当壮年之时就退出官场，在江宁筑"随园"自居，对比这位少年得志，壮年退隐的随园公，一生奔波不已，劳碌穷命的汪辉祖临到迟暮之年，遭此困厄，是幸还是不幸呢？

汪辉祖在道州知州任上被革职后，途经宁远县，当地群众闻听，纷纷出来相送，路堵得连轿子都过不去。甚至到了嘉庆二年（1797 年），汪辉祖早已安居乡里多年，当年治下的宁远县民还派出代表从湖南千里迢迢赶到浙江萧山，请早已退隐多年的汪辉祖能起复再回宁远做官，这位真心为民的官员竟是如此的深得民心。

汪辉祖回到浙江萧山老家，并无戚然之色，更多的是宦海浮沉后的平静与超然。他辞官回乡的消息很快传了出去，很多重金延聘他的官员纷纷登门拜访，希望能延揽他入幕。汪辉祖一一谢绝。在他看来，一则以三十多年的为幕经历，再操旧业，无异于与那些初入此道的寒士争升斗之粮，志士不为；二则毕竟做过州县官，官场之礼与幕宾之尊如何把握分寸，是个头疼的事，弄不好，既有失尊严，又难以按自己的意愿行事。他就是这么个理性的人。此后，他安心于家乡，不问世事，以历年为官所得的俸禄，在萧山城南购置了一处房屋，命名为"树滋堂"，隐含追思慈母之意。并将他历年收罗的藏书安放其中。到了晚年，他终于可以停下匆忙的脚步，将年轻时因家贫而读不成书的遗憾要补上了。他将全部的精力都用于总结一生事业的得失，以启迪后人，无形中也留下了一笔极其宝贵的思想财富。

第七章
传统司法者的信仰

第一节　庶不与律例十分相背

　　明清以来，律例作为国家成文法，是各级司法官员审案、判案的依据。皇帝谕旨中也一再要求"断罪引律令"。清代律例不仅形式完备，内容更是繁多且细致，所以在多数情形下，都能找到恰当的条文作为判案的依据；有时甚至出现有数条互相近似、互相重叠的条文，但是因为案情轻重不同，在条文的选择引用上就不得不慎重。特别是当律例的规定与案情细节稍有出入，究竟应该是扩充适用还是限制适用，就必须予以详细的诠释，否则必遭上级衙门的批驳。而理词讼是地方州县官的一项主要职能，不能因为法无明文，而对一件案件不予处理，民事案件是如此，更不用说刑事案件了。那怎么办？在这种情形下，司法者会自行找出一个准则来，作为断罪解纷的依据。这个准则可以是法典内的一个类似的条文，也可以是法典外的一种更为高阶的规范，譬如儒家经义。无论哪一种情形，援引都不容易，须要仔细分析解释才行。而在以儒家理念治国的意识下，法律的实际作用变得可有可无，律例作为规则更多

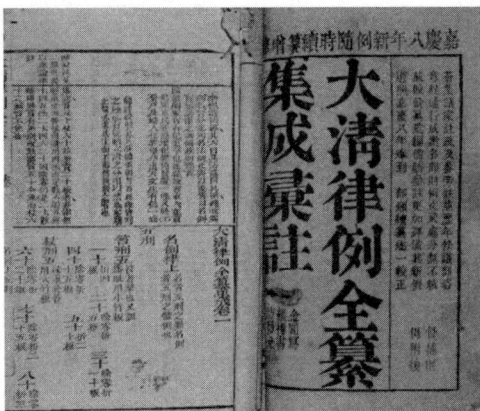

图 7-1 《大清律例全纂集成汇注》(清嘉庆八年刻本)

体现在作为审案、判案的参照，真实的判案只要不超出这个规则太远就是允许的，这就是汪辉祖所说的"庶不与律例十分相背"一语的真实含义。

吴家桂所著的《折狱金针》中有两个案例可以很好地说明案件处理中律例适用的基本思路。案例一：钱乙外出，其妻李氏与赵甲通奸，被钱乙之弟钱丙闻知，喊捕，赵甲奔逸，钱丙逐而杀之，何断？答曰：赵甲窥钱乙不家，与李氏通奸，秽行不掩，纵迹败露，致为钱丙所捕杀。夫赵甲奸淫之罪未至于死；李氏非丙之妻，杀之似过，但钱丙系乙之同居胞弟，目击赵甲无状，惟知除兄之仇人以雪家丑，而人命非所顾虑也。查《律解》云：凡本夫及同居亲属皆许捉奸，不以凡人论。《律》内"夜无故入人家，已就拘执而擅杀死者，杖一百。徙三年"，此实相符合。此案件的处理方式就是先查律例，找到法律依据。在《大清律例》没有完全适用于本案的法律条款的情况下，"比附"相近的条款。

案例二：赵甲有女先配钱乙，后因嫌贫许配孙丙。迨迎娶过门，赵氏坚执不与成婚，用刀将丙刺伤，不死，致成笃疾，何断？答曰：夫妇为人伦之首，节义乃风化之原。赵氏既受钱乙之聘，则为钱门妇矣。赵甲弃贫改嫁，孙丙恃富强娶；世道败坏，莫此为甚。赵氏贞一自守，弗替初盟，身遭强暴，志励冰霜，从容就义，难矣！若以杀伤后夫为赵氏罪，非知礼达节之士也；如于辜限内平复，当略其细过而衷其大节。若致成笃疾，亦当坐以凡论而宠其高行，归宗改正，仍予表扬。该案件的处理有法律依据，但在具体处理上准情酌理，需要根据审案人对儒家经义的理解进行判案，做到情理法的一致。

此外，在实际案件的处理上，出于息案的需要或利益的考量，某些情况下，对于可以轻判也可以重判的案件，可以通过技术来处理。汪辉祖在刚入幕的时候曾经听说邻县处理过一个案子，该县抓获了一名私自铸造官钱的案犯。按照《大清律例》，私铸铜钱应处斩监候。但数人共同犯罪，应按情节区分首犯、从犯，首犯一般为造意犯，应按律处刑，从犯可减刑一等。此案被捕的嫌犯都供称一个在逃犯是主谋，于是被捕案犯被视为从犯减刑一等，发遣新疆。两年后，在逃犯被缉获归案，但该犯始终不肯供认为该案主谋，按照惯例，应提审已发落的从犯当面对质，可新疆路远迢迢，无法押回重审，更严重的是如果该案翻案重审，原审官员即被参劾，将危及宦途前程，这就使得这个案子在处理上遇到了麻烦，众多幕友一筹莫展，只得向邻县幕友讨教。最后，松江县刑名老幕友韩升庸想出了一个办法：劝告那个被捕的在逃犯承认是主谋，同时把原来"捕获"的事实改为"闻拿自首"，按《大清律例·名例律》，自首可减刑一等，斩监候自然可改处发遣，那么论起他的罪行来，仍不致获得死罪，结果那个罪犯高高兴兴地按照要求照做了，案件就此了结。汪辉祖说，这件案子的处理对我的影响很大，以至于后来遇上那种情节不很严重，然而依据法律却必须重判的情况，就沿用了这个方法，保全了不少罪犯的性命。

今天看来，能领会法律的精髓，融会贯通，不生搬硬套，这是汪辉祖办案值得称道的地方，但任意曲解法律，以规避法律、裁剪法律为司法审判的最高追求，恐怕就要受到指责了。用今天的话来说，这显然违背了法治的基本原则，是与法律的公平、正义价值相违背的，这是时代的局限所致，是不能苛求于前人的。

刑名幕友在长期的办案生涯中，口传心授之下，慢慢总结并形成了通行于同行间的一套所谓"幕道"，这就是"四救四不救"之说。"救生不救死，救官不救民，救大不救小，救旧不救新"。所谓"救生不救死"，就是在处理杀人案件时，反正被害人已经死了，人死不能复生，而生的人还活着，如果再把生的人杀死为死的人偿命，那么就多死了一个人，如果不是非判死刑不可，在法律允许的范围内，可以曲意处置，尽量保留一条人命，不必刻意以死刑为目的。所谓"救官不救民"，就是在处理民间上控的案件时，要做扎实，尽量不要翻案。因为一翻案，原审官员就要留下政绩污点，搞不好要被参劾，于官场交情大有妨碍。而不让翻案，上控的百姓最多不过是背一个"诬告"的罪名，不至于被处死（被诬告者未被处死，诬告者反坐最高为流罪）。至于是否真是冤案就别管它了。所谓"救大不救小"，是指处理官员之间的连带罪责，要尽量把罪责推给第一线的基层小官。如果罪责归到上头官员的身上，那么他的权力越大，受的惩罚就越大，牵连的人也会更加多，但如果罪责归在下面的小官身上，他的权力越小，所受的责罚就越轻，牵连的人也少；所谓"救旧不救新"，就是在官员交替时，如有罪责，要尽量推给新任的官员，因为旧任如有罪责就无法离任，比如在职时未清偿欠账、未交足地方粮款等等。那就不如让新任官先顶下来，将来再设法补上。这"四救四不救"是刑名幕友们私下遵行的行内规则，他们认为这是确保刑名幕友不出差错的办事诀窍，是保幕席的不传之秘。在一个僵化的等级官僚社会，司法审判以上司意志为转移也是正常不过的事情。早在汉武帝时期，有人责问当时的主管司法的廷尉杜周办案"不循三尺法，专以人主意指为狱"时，杜周回答得理直气壮："三尺安出哉？前主所是著为律，后主所是疏为令；当时为是，何古之法乎！"这种案件审理的制度痼疾到了王朝社会的晚期也没有根本性的变化。稍晚于汪辉祖的另一位名幕包世臣，有一句话令人印象深刻，他说："但能办七成不公道事，过此不敢闻命。"办案只争得三分公道，说起来真是让人难以理解，何以至此？包世臣的解释是：原本发生在老百姓之间的民间纠纷，如果不服府州县的判决，打到省里布政、按察两司，案件实际上已经变得微妙了。因为如此一来，原来案件的是非曲直是一层，府州县各级承审官案件审判的对与错是另一层。这等于说，案件从一个层面变成了两个层面，而且案件本身的是非曲直已经退居次要的位置，承审官审判的对与错变成了问题的核心。就案件本身省里最终裁判，是非曲直五成里能争到三成就不错了。为什么呢？一方面，因为官司从县里打到府再到省里，辗转颠沛，原被告双方早已牵累不堪，无不希望案子能尽快早日告结。这时候理直一方如能挣公道五分之三，留下两分不公道，就能够心满意足、平心舒气了；理直的一方平了气，也就不会再与枉法的州县官争意气；另一方面，督抚、两司大员出于保全下属（也是保护自己）的需要，案件本身的是非曲直并非不关心，但最关心的还是案件判决与承审官最终责任的关系轻重，往往基于这层考虑，强为压制，张嘴闭嘴维护大局、不可长百姓刁健上控之风云云。而碰到含冤深重、意志坚决的原告，最终酿成巨案，上达天听，局面无法挽回。

这些在众多幕友心中视为行规的所谓"幕道"，汪辉祖却看他不起，在他眼里，这些所谓的幕道不过是平庸之辈借以明哲保身的伎俩罢了。试想一下，这样办案，只计个人利害得失，将伦理国法置之一旁，如此行径跟草菅人命有什么分别？他办案追求的是能够"通乎法之神明"，在案情真切的基础上，处理好情理法的多层次关系，而不是完全从律例出发，拘泥条文不放，僵化地使用法律，反过来，也不能置法律于不顾，任意解释引用经义，使判决虚而不当。把这两者处理好，做到既能基于律例，又能"通于礼"，审案自然就能达到融会贯通，神明律意的效果。

第二节　平陂倚伏总由天

"善有善报，恶有恶报"可以说是传统中国人最为朴素的观念。明清社会以来人们普遍相信人世间所有的行为都会冥冥中得到神灵的回应。积福会得福，为恶则遗祸。瞿同祖先生在《清代地方政府》一书中提到清代州县官在上任时照例要做一件事，"州县官新到任，照例要斋戒（如果可能）留宿城隍庙。不论他是否真在庙中留宿，次日早晨要向城隍爷献祭并诵读祭文。该祭文中常包含州县官的誓约：不贪赃、不枉法；如有违反，任由城隍爷惩罚"。瞿同祖先生认为这个特殊的誓约就等于是"给了州县官们一个超自然约束力的标尺"。这是个非常有意思的现象。看来除了看得见的现实力量约束外，一种超自然的神明信仰也同样在发挥着作用。

"城隍"一语本意是指城墙和围绕城墙的壕沟，后来逐渐演变为民间信仰中的城隍神。到了明太祖洪武二年，"封京都及天下城隍神"之后，成为国家信仰体系的一部分。其不仅掌管着阴间的孤魂野鬼，使其有所归属，而且还承担着现实社会惩恶扬善的职责，形成阴间司法的象征。经过明清志怪小说、公案小说的文学化演绎，城隍神经历了从最初的沟渠之神、到城市保护神、再到司法与正义之神的演变历程。而州县官从入境履任伊始，一举一动就需要谨慎检点。在清代，新官到境，不能随即入城，而是先要留宿城外，为致祭城隍做准备。新官赴任，于上任前一日或前三日到城隍庙斋戒安歇，谓之"宿三"。斋宿的目的，就是为了表达对城隍神的尊敬。再次要行祭告之礼，斋宿后，"次早行祭"，祭礼于五更时进行，祭时着便服或祭服，谒城隍庙。可以说，新官赴任的过程中，礼敬城隍是最为紧要的环节。甚至上任次日，还有谒见城隍之例。汪辉祖言其往日为幕时，就馆次日"必斋戒谒庙焚香"，

图 7-2　古代城隍庙

即赴城隍庙焚香礼敬。州县官吏在检验命案过程中，也需要礼告城隍。官吏到命案发生地检验尸伤，与原告、被告及人证等讯问完结之后，"即上轿，当时不可回头，即到城隍庙。浣沐、更衣、行礼、解秽"，方可回衙门开堂问案。州县官的司法审判，归根到底是能够明辨是非曲直。然而，要在世态纷纭民情复杂的现实中，做到这一点，需要州县官的秉公裁判，这就不得不借助神明信仰来加以约束。

刑名幕友是个操"笔下生杀人"的行当，看起来生杀、威福、利害之权都在官员手里，而实质上都是幕友运筹的结果。案件千头万绪，刑名幕友要明晰是非曲直，定生死，区祸福，且不说一字之错，可能办错案，如果办案中徇情贪利，颠倒黑白，就会酿成冤案，怎么能不小心谨慎？所以幕业中人，说作幕一途，最易损阴德，也最易积阴德。

汪辉祖在十五岁的时候，有一次在家中翻出一本《太上感应篇》，《太上感应篇》是一本道教经典，认为天地之间有赏善罚恶的司过之神，会根据每个人的日常表现来计算过错并扣除相应的福报。福报被减损时，人会变得贫穷多患，遭人厌弃，灾厄横生；当福报被扣尽之时，此人就会死去。该书列举了善行二十余条，恶行一百多条，以说明为善之不易，除恶之艰难。《太上感应篇》将佛、道的因果报应，与儒家对君子的要求糅合在了一起，汪辉祖一读之下，如遭雷击，从此每日晨起必先诵读一遍，说话办事也不敢背离此道。他在晚年曾感叹道："历五十年，幸不为大人君子所弃，盖得力于经义者犹鲜，而得力于《感应篇》者居多。"

汪辉祖说，我入幕三十余年，从来不敢说过河拆桥这样的话，坊间说"刑名吃儿孙饭"，母亲不许我入此行，我向母亲立下誓言，尽心尽力，不义之财，一文不取。如有违背，"祀吾父不享"，这样的话其实已经说得很决绝了。在他的观念里，"造物忌巧，天道恶盈。居家刻薄者资无久享，居官贪残者后有余殃"。所以才能做到"必诚必慎，念念以百姓为事，怨劳不辞"。他入幕的时候，一再讲到"食人之食而谋之不忠，天岂有以福之"；处理案件的时候不能存有私心，"循理之狱，亦为天谴所及"；不知民间疾苦，不为犯人着想，"恐其中作孽不少"；可以说，"鬼神鉴之"的这种认识贯穿他的一生。一一梳理他所办的案件，这些理念体现得是非常明显的。乾隆二十八年平湖县盛大抢劫案，涉案多人，他在几乎已成定案的情况下发现疑点，层层查清案情，为盛大洗清冤屈。但幕府中人无不认为汪辉祖枉法，直到两年以后，作案的盗首才被拿获，真相大白之下，大家反过来称赞他断案如神，汪辉祖只是淡淡地说："吾不当绝嗣耳。"他回顾自己的所闻所见，说，我见过那些曾经获得不义之财、煊赫一时的人，过不了几年或病或死，有的妻离子散、有的家破人亡，"回首孽缘，电光泡影，天纲不漏，可谓寒心"。所以他不愿意子孙读书科举不成，重走他的旧路，原因就在于"深惧其多缔孽缘，有亏先德也"。

做刑名幕友惧于天谴，那做州县官员又当如何？汪辉祖说过这样一句话，州县一官，作孽易，造福亦易，真是发人深省！他的理由是天下治权，自督抚以下，莫重于牧令。即便藩臬道府这些官员，都比不上州县官的职权。一是因为只有州县官是治民之官，直接面对百姓，是国家政令推行的最依赖的力量；二是权力专属，且操之于一人之手，牧令之所是，上官不能意为非；牧令之所非，上官不能意为是。所以州县官勤政奉民，自然造福于百姓，若是欺虐百姓，自是作孽！可惜明白"福孽之辨"道理的州县官太少，能做到这样的州县官就更少。汪辉祖历数几十年的所见所得，说三十多年来看见听见的州县官不计其数，有的因为做了坏事，阳谴阴祸，亲于其身，甚至累及子孙；有的守拙安分，不能造福也不肯作孽，安稳度日；那些勤政爱民异于常吏的，亲见他们的儿孙为太史、为侍御、为司道。汪辉祖感慨地说："天之报施，捷于响应。"

汪辉祖说，一般的民众，做事不畏物议，但畏报应；不惧官长，而惧鬼神。一个人为善还是为恶，心中必定有所依据，绝不是没有来由的。贤者知善知恶，但中人以下，不能不教化他，感知他，而借此进行劝善惩恶就是不可少的手段了。所以汪辉祖说，因果报应之说，虽然是佛、道家学说，但对民众的影响是很大的，不可以轻视，用之于审案，常有意料之外的效果。

乾隆五十四年（1791年），汪辉祖任湖南宁远县知县时，曾处理过一件案子。

宁远县一个名叫刘开扬的人，是南乡的一个土豪，其家山地与同乡成大鹏的山地相毗连。成大鹏的同族私下将这块山地卖给了刘开扬，成大鹏得知后告到了县衙，并让家里人砍伐树木，刘开扬自知理亏，不敢声张。恰好族弟刘开禄得病将死，刘开扬主意来了，他让人把垂死的刘开禄背上山，四下无人之际，刘开扬命其子刘闰喜用斧猛击刘开禄的额头，刘开禄立时毙命，刘开扬立即将现场伪造成族斗而死的假象，以成大鹏族斗殴死刘开禄为由一纸诉状告上县衙。因成大鹏状告在先，现刘开扬又有状告，经验丰富的汪辉祖暗中生疑，他在分别讯问刘开扬、成大鹏后，将两人拘之城隍庙，汪辉祖一番拈香祷告后，命二人在城隍爷面前叩首行礼，汪辉祖暗中观察，发现成大鹏神色自若，而刘开扬则四体战栗，面色惨白。但因无确凿证据，难下定论。案子审到深夜时分，还是没有结果，正在焦躁之时，忽听大堂外嘈杂声一片，一询问，衙役报告说，闯进来一个喝醉酒的人。汪辉祖命将人带来。来者不是别人，就是刘开扬的儿子，刘闰喜。刘开扬一见之下，面如土色，他怕刘闰喜吐出实情，连忙叫喊说此儿一向不孝顺，请县官立予杖毙。汪辉祖立即审讯刘闰喜，刘闰喜将作案的整个过程如数交代，再让刘开扬对质，案情大白。第二日再次审讯刘闰喜，刘闰喜说，昨天原打算连夜逃往广西，正跟妻子告别之际，突然有人闯进来，说是县里来人抓我，为首一个又高又黑的人在前带路，一群人前推后攘，就把我带到了这里。汪辉祖感叹道："款扉之呼，其为鬼摄无疑也。杀人者死，国法固然，懵昧如余得不悬案滋疑，则神之所庇不信赫赫乎？"瞿同祖先生在《中国法律与中国社会》一书中曾经提到过此案，他认为"古人对鬼神有极大的期望和信心，官吏遇到疑难案件，常会祈求神助"，汪辉祖就是一个很好的例子，在其所著的《佐治药言》与《学治臆说》等著作中，不少地方都谈到了鬼神与报应之事，看来他是深信不疑的。

像汪辉祖这样的认识在传统社会是一种极为普遍的现象，并不在少数，特别是在那些传统的司法官员身上，体现得尤为突出。这种认识固然有历史的局限性，但在当时的社会背景下，实际上很大程度指导着他们的言行。汪辉祖在半生的幕友生涯中，经历了太多的惊涛骇浪，除了为人做到"守身以正"之外，很大程度上与这种认识有很大的关系。他始终兢兢业业，谨慎处事，唯恐因一时的疏懒，而酿成大错。

在科学昌明的当下，司法当然要秉持理性、科学的基本态度。回顾世俗信仰与传统司法，绝不是为"鬼神司法"正名，而是希望实现中国法律文化的创造性转化，从对不可测的"冥间""上天"的敬畏，转化为对正义、对法治的敬畏之心，以"正心诚意"对待法律。或者说，我们也可以将司法中的世俗信仰理解为法哲学上的"自然法"，或"高级法"，一个人违背"正义"的行为或许偶尔可以逃脱世间法律的惩处，但终究无法避免"自然法"的审判，更无法面对自己良心的责难。这种具有不可验证性的世俗信仰观念，更多的是对人形成一种心理上的压力，进而对人们的行为产生影响。

第三节　辣手须防人不堪

汪辉祖办案，常以"为治当念子孙"之句作为自警。在其幕馆内，常挂一副对联，上写"苦心未必天终负，辣手须防人不堪"。俗话有言，"做人留一线，日后好见面"。汪辉祖相信因果报应与鬼神之说，虽然担任刑名幕友多年，却又始终认为做这一行是损阴德的事。他担心假如办案用刑太严酷，做事过于辣手，会更加损害阴德，必遭鬼神降下的横祸。他说，"依律法打杀者，造孽已多"。

汪辉祖这种观念，在很大程度上是受小时候亲历的一件事的影响。汪辉祖还是年少的时候，家乡有一位姓丁的刑名幕友，曾经在河南为幕，游幕十余年，名声甚隆，下重礼聘请他的人络绎不绝。汪辉祖十岁那年，丁君回归故里，拜访了汪辉祖的祖父。汪辉祖的祖父就向他请教为何能得到这样高的名声，那丁姓幕友就得意扬扬地将自己办过的几件案子说了一遍。汪辉祖的祖父就问他："你这样处置是不是有点儿太过狠辣了？"那丁姓幕友不以为然，认为不毒辣不足以成事。等到丁姓幕友走了，汪辉祖的祖父深为叹息，对汪辉祖说："丁幕友现在是有很多钱财，但是不值得我们羡慕。他行事太过于残忍，办案用的手法过于毒辣，人一旦手段残忍，行事就会变得刻薄寡恩，如此一来，恐怕造下了不少罪孽。这样的人难道能富贵持久吗？你一定要牢记在心。"果然过了不久，就传来丁姓幕友暴死的消息，他的儿子也很不成器，沾染上了酗酒和赌博的恶习，才短短六七年时间，便把积蓄的万贯家业挥霍一空，最后不知所终。

刑名幕友负责司法案件，久而久之会养成刁钻毒辣、纠缠细节的性格特点，对案情原委固然做到明察秋毫。但物极必反，有些官吏和幕友办案则过于苛察，抓住各种琐碎问题不放，结果不仅无形中夸大了案情，增加了不必要的办案成本，还可能让涉案各方受到不必要的额外损失。汪辉祖当初在胡文伯幕府中时，受胡文伯的引荐，跟从骆炳文研习刑名幕学，骆炳文为人端方，精明老练，精通刑名。汪辉祖学习也非常认真刻苦，骆炳文看在眼里，有一次对汪辉祖说："以你的才干与学识，不管是为人处事，还是佐治幕主，不管是当儒学、医师，还是学习其他各业，都是绰绰有余。我不是担心你不能干，反而担心你太过能干了。"汪辉祖听后忙问原因。骆炳文分析道："衙门里的公务，能了结的就了结掉，与案情关联不大的细节，就不要再去穷根究底了。有才华的人往往自恃聪明，不肯放过一丝一毫的细节问题，这就会让事情枝节横生，给他人带来无穷无尽的牵累。这样办事就是太过分了。圣贤也对此引以为鉴，十分谨慎。"这番话让汪辉祖大为触动，他一直把骆炳文的话牢记于心，在数十年为幕及以后的从官生涯中都注意"达而不过"的分寸。大是大非且人命关天的地方，汪辉祖不仅敢争，而且必争，务求公平执法，平冤昭雪；但对于那些无碍大局的细节，他就可结便结。

汪辉祖在长沙时，曾听说过发生在绥宁县的一桩案件。这桩案件的判决让他耿耿于怀。绥宁贼首杨辛宗原本在逃。当地主官勒令杨辛宗的父亲在规定时间内将儿子交送官府，杨辛宗闻讯后主动投案自首。按照大清律例，"凡犯罪未发而自首者，免其罪"，也就是说，在犯罪尚未被察觉时（即官府还没开始立案侦查时）就投案自首的罪犯，官府应当免除其已犯之罪。但杨辛宗稍有不同之处在于，他是案情败露之后逃亡在外，按照律例规定"逃在未经到官之先者，本无加罪，仍得减本罪二等"，即畏罪潜逃而未经官

图 7-3 汪辉祖刻本形象

府立案追查者，本来就不需要加重刑罚，仍能减罪二等。但主审此案的官员认为，杨辛宗与律例中"未经破案、不知姓名、悔罪自首"的情况不同，依然向刑部申请判处斩决，而没有援引律例减刑。汪辉祖有事回乡，没看到刑部最终的处理意见，但他私底下认为，杨辛宗已经认罪自首，按照上述两条律例，完全可以减轻刑罚，而不至于被判处死刑。

1773 年（乾隆三十八年），刑部讨论批准了苏桌的提案。其中一条是："例闻拏投首除盗犯，按本例分别定谳，外余俱于本罪上准减一等"，即犯人得知被通缉后能主动自首的，除了盗窃犯依照本条例的具体条款分别判决之外，其他类型的犯罪都在原先的刑罚基础上减轻一等。杨辛宗本来逃亡在外，后来得知官府责令父亲限期交出自己后，主动到官府投案自首。汪辉祖认为杨辛宗案基本上符合苏桌上奏的这个标准。尽管管杨辛宗并非真的诚心悔过，只是迫于形势，畏惧律法威严，不忍心让自己的老父亲被牵累，但按照儒家引经决狱的主张，这种具有孝义之心的罪犯，是可以获得同情及宽恕的，应当依照上述条款免其死

罪。而官府将他发配到某地，并没有真正依照律例办事，这与"未经破案、不知姓名、悔罪自首"是不相同的。照这样说，官府应当给杨辛宗减罪。倘若之前杨辛宗为了逃避法律制裁，不顾老父逾期不交出儿子将受到处罚的情形，自己躲起来，就算日后被逮捕，按律也不过是判处斩决而已，不至于再加判其他罪名。汪辉祖读到杨辛宗案的判词后，久久无法释怀，并引以为日后断案之鉴。

欧阳修在《泷冈阡表》中谈到他的父亲欧阳观任法官判案的一段往事，欧阳观任泰州判官时，一天晚上，他在烛光下办理案件，突然一再放置案卷，唉声叹气，夫人郑氏抱着儿子欧阳修坐在旁边，见他几次这样，就问他是怎么一回事，他说："这是一个应该判死刑的案子，我想替死刑犯寻找一条活路，可怎么也找不到啊。"郑夫人更觉奇怪地问："犯死罪的还可以找到活路吗？"欧阳观回答说："我替疑犯寻找活命的条件而找不到，那么死刑犯和我都将没有遗憾了。有时候还真的能在死囚中找到不该判死刑的人！正因为死刑犯也有可能找到活命的人，所以不替死囚寻找活路而处死，便有含冤抱屈的啊！我们常常为死囚找活路，还难免有误判错杀，可是世上有的官吏总是千方百计地致人死罪，怎能不替死刑犯寻找活路呢？"欧阳观这种为死刑犯"求生而不能"而忧虑、纠结，主动寻找脱罪的理由，这不正是古代司法官员"无罪推定"在具体案件中的运用吗？显然汪辉祖也是这么认为的，研读律例能"神明律意"才是根本，

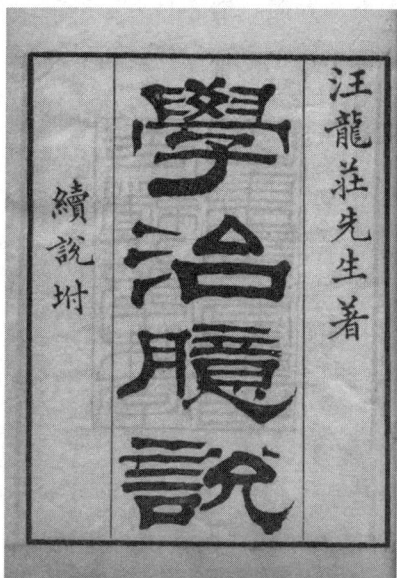

图 7-4 汪辉祖撰《学治臆说》（清光绪十二年山东书局刻本）

一部《大清律例》，仁者看到的是律条背后的经义，而刻者看到的就是冰冷的条文。刑罚只是手段不是目的。即便是那些不得已要用刑罚之处，也应当小心细致地体察，而对于投案自首的相关条款，更是不能粗粗看个大概。倘若有罪犯能积极投案自首，那么执法定罪的总原则便是让百姓得到活路，保全他们的性命。对于罪名可轻可重的，"所争只在片语，而出入甚关重大"。办案之人就应当设身处地为犯人求得一线生机。他举例说，乾隆三十一二年间，江苏有个姓张的干吏，这个人治理案子十分严厉。在县试的时候，一个童生因为挟带作弊被查获。按照法律，这个考生应戴枷示众。这个考生的亲戚朋友都跑来向张某求情，说这个人才结婚一天，请求满一个月以后再补枷示众。张某不同意。他那刚结婚的媳妇听说了这件事后，就上吊自缢。张某这才命人把枷打开，这个考生随后也跳水自杀。挟带私抄应该戴枷示众，这是法律。执法人没有错，但满月后补戴枷示众，既顺应了人情也没有歪曲法律，为什么就不可以变通一下呢？一定要这件事上树立权威，这是多么残酷的事情啊！汪辉祖对那些以残酷刑罚为能事的人很不以为然。他说这些人身为执法官，真的能够做到在任何时候都维护法律的尊严，任何事情都严格依法办事吗？能够做到在自己的薪水之外分毫不取吗？汪辉祖说，衙门中那么多见不得光的陈规陋习，其中哪一样不是触犯了国家法律的？只不过是多年的积习难以改变，老百姓和官府中人都习以为常了，而法律又没有触及这些问题，侥幸地免于法律的制裁罢了。况且任何官吏也不能把自己置身于法律之外，而只把百姓绳之以法，这样做能够问心无愧吗？所以碰上老百姓犯法，只要能够反躬自问，那么，就会在执法时宽恕犯法的百姓。法律不能容许的，原本就不应该扭曲法律以助长奸情；如果可以从宽发落的，就不妨根据实际情况从宽处理。汪辉祖说："余治刑名，佐吏凡二十六年，入于死者六人而已。"他认为就是因为自己能够设身处地为他人求生机的结果。

后　记

　　1953 年 1 月，胡适在中国台湾省立师范学院做了一次演讲，他在演讲中提到，经过多年的刻意搜求，得到了"两部古代了不得、值得提倡的传记"，其中提到的一部就是汪辉祖所著的《病榻梦痕录》。他高度评价汪辉祖回忆录的价值，说"可以晓得司法制度在当时是怎样实行的，法律在当时是怎样用的"。[①] 其实这不是胡适第一次提到汪辉祖，早在 1946 年所写的《考据学的责任与方法》一文中就说过这样一段话："我读乾隆、嘉庆时期有名的法律家汪辉祖的遗书，看他一生办理诉讼，真能存十分敬慎的态度。他说：'办案之法，不惟入罪宜慎，即出罪亦宜慎。'他一生做幕做官，都尽力做到这'慎'字。"[②] 他还只是从"治史如断狱"的角度来谈的，但一个勤慎的古代法律家开始走进了人们的视野。

　　今天距离汪辉祖生活的大清朝乾嘉年间过去了才两百多年的时光，但传统社会向现代社会的剧烈转型，现代社会制度的迅速建立，让我们

---

　　① 《胡适文集》，第 12 册，北京大学出版社，2013 年版，第 134 页。

　　② 《胡适文集》，第 10 册，北京大学出版社，2013 年版，第 67 页。

回望起来却恍若隔世，其间不仅是制度、观念的古今之异，更是横亘在现代与传统之间人的立身处事的根本不同。当今人操法律之柄，营营于累累法规条文之时，却丝毫看不见背后的那个人和那颗活泼泼的心。

诚然，古代法律迥然于现代法律，法律的运用与实践更是有巨大的差别。然而值得深思的是，法律固然有新旧之别，但短促而急剧的社会变革在多大程度上改变了社会民众的深层次观念和文化心理结构？当今的司法者在运用法律解决这些社会问题时，又如何解决僵化的法律条文与流动的社会形态之间的背离与扭曲？

近百年来的剧烈社会变迁，使我们远离了传统社会，有意无意地抛弃了以儒家伦理为基础的制度规范，却远未能建立起一套新的足以使人遵循的行为准则。日益繁多的法令，因为缺少内在的支撑，往往难以获得民众内心的认同和信赖，也就难以成为一种由内而生、行之有效的规范和约束。其带来的结果就是社会上下相违，底层民众无道德感的支撑，行事乖张无禁忌，凡事以利为先；而那些位高权重之人，视法律如玩物，或凌驾于法律之上，或玩弄法律于股掌之间。在这种情势没有改变之前，我们还要在"法治"的梦想道路上跋涉很久很久。

旅美历史学家唐德刚先生曾将20世纪以来的中国称之为过"历史三峡"，这个过程要持续二三百年的时间，他认为这是中华民族艰难重生的二三百年，走过去中华民族将涅槃重生，前途光明，走不过去万劫不复。唐德刚是持乐观的看法的，他认为不论时间长短，"历史三峡"终必有通过的一日，这是历史的必然。我们正走在民族伟大复兴的道路上，自然更有乐观的理由和无比的信心，回望来时的道路，看看我们的先人们曾经做过什么，又为什么这么做。那些支撑他们的恒久信念与准则，必将为我们走出"历史三峡"增添无穷的勇气和力量。

参考文献

一、资料来源

汪辉祖撰：

1.《学治臆说》《学治续说》《学治说赘》

2.《佐治药言》《续佐治药言》

3.《病榻梦痕录》《梦痕录余》

4.《双节堂庸训》

张廷骧辑：

1.《入幕须知五种》

2.《赘言十则》

万维翰撰：

1.《幕学举要》

2.《刑钱指南》

王又槐撰：

1.《办案要略》

2.《刑钱必览》

许思湄撰：《秋水轩尺牍》

龚未斋撰：《雪鸿轩尺牍》

方大湜撰：《平平言》

二、近人著述

［1］赵尔巽撰.清史稿点评［M］.北京：中华书局，1977.

［2］李治亭主编.清史［M］.上海：上海人民出版社，2002.

［3］郑天挺主编.明清史资料［M］.天津：天津人民出版社，1980.

［4］（美）费正清，刘广京编.剑桥中国晚清史（1800—1911年）［M］.中国社会科学院历史研究所编译室译，北京：中国社会科学出版社，1985，1993.

［5］于语和，尚绪芝编著.中国法制史［M］.天津：天津大学出版社，2003.

［6］张晋藩主编.中国法制史［M］.北京：高等教育出版社，2003.

［7］肖方扬，李小群等著.中国法律［M］.合肥：安徽教育出版社，2002.

［8］瞿兑之著.汪辉祖传述［M］.上海：商务印书馆，1935.

［9］（清）汪辉祖撰.徐明，文青校点.佐治药言 学治臆说［M］.沈阳：辽宁教育出版社，1998.

［10］［清］汪龙庄，万枫江原著．祁晓玲译．中国官场学［M］．北京：今日中国出版社，1995．

［11］葛建初．折狱奇闻［M］．近代中国史料丛刊．

［12］郭建著．绍兴师爷［M］．上海：上海古籍出版社，1995．

［13］郭润涛著．官府、幕友与书生［M］．北京：中国社会科学出版社，1996．

［14］李乔著．中国的师爷［M］．北京：商务印书馆国际有限公司，1995．

［15］高浣月著．清代刑名幕友研究［M］．北京：中国政法大学出版社，2000．